Ist Essen Religion?

Georg Sedlmaier (Hrsg.)

Ist Essen Religion?

Ernährung aus Sicht der Weltreligionen

13 Beiträge für eine Reise durch die Weltreligionen
Eine Wiederentdeckung traditioneller Werte,
die viele Denkanstöße bietet

Bibliografische Information der Deutschen Nationalbibliothek:
Die Deutsche Nationalbibliothek verzeichnet diese Publikation
in der Deutschen Nationalbibliografie; detaillierte bibliografische
Daten sind im Internet über http://dnb.dnb.de abrufbar.

© 2017 Georg Sedlmaier
Satz, Umschlaggestaltung, Herstellung und Verlag:
BoD – Books on Demand
Bilder: Fotolia
ISBN: 978-3-7448-9210-0

Inhalt

Grußwort
Peter Kardinal Kodwo Appiah Turkson

Sehr gerne komme ich der Bitte von Herrn Georg Sedlmaier um ein Grußwort nach für sein Buch »Ist Essen Religion?« Als Erstes kommt mir in den Sinn das Wort des Apostels Paulus: »Ob ihr nun esst oder trinkt oder was ihr auch tut, das tut alles zur Ehre Gottes.« (1 Kor 10,31). »Zur Ehre Gottes« – darauf kommt es an. Sich so zu verhalten also bezieht nicht nur Essen und Trinken ein, sondern umfasst das ganze menschliche Leben.

Ein Sprichwort aus Afrika sagt: »Allein essen ist wie allein sterben.« Trifft dies nicht genau die christlich-jüdische Tradition: Gottesliebe, ihn ehren und dabei die Mitmenschen und die Mitwelt nicht im Blick haben, geht schlicht nicht. Dem Mitmenschen, dem Nächsten, der meiner bedarf, mich zuwenden und seine Würde garantieren – das gibt zugleich Gott die Ehre. Die Schöpfung, die Erde, die uns erhält mit ihren Früchten, Blumen und Kräutern (vgl LS 1), und alles, was existiert, wie eine »Schwester«, »Mutter« oder »Bruder« zu hüten und bewahren (vgl. LS 11) – das gibt zugleich Gott die Ehre.

In Nigeria, einem Land Westafrikas, wozu auch mein Heimatland Ghana gehört, gibt es ein erwägenswertes Sprichwort: »Wer gegessen hat, wird für den Hungrigen kein Feuer machen.« Deckt dieses Sprichwort nicht auf, woran es in unserer »einen Welt« heute häufig mangelt, nämlich an Achtsamkeit und Solidarität? Regiert im globalen Norden und globalen Süden oft nicht eine »allgemeine Gleichgültigkeit«, von der Papst Franziskus in seiner Enzyklika »Laudato sì. Über die Sorge für das gemeinsame

Haus« spricht (LS 25)? Eine Gleichgültigkeit der Satten, die an den Hungernden vorübergehen! Das Leiden an sauberem Trinkwasser vieler Kinder übersehen!

»Ernährung aus der Sicht der Weltreligionen« – so der Untertitel des Buches. Aus der Sicht des Christentums jedenfalls gehört die Sorge für alle unbedingt mit dazu. Niemand darf zurückbleiben. Niemand ausgeschlossen werden. Sind es nicht eine solche Haltung und ein solches menschliches Handeln, die unser Leben innerlich sinnerfüllt und froh werden lassen – und obendrein Gott die Ehre geben?

In diesem Sinne bin ich dankbar für das Buch und wünsche ihm eine breite Leserschaft.

Vita Peter Kardinal Kodwo Appiah Turkson

Peter Turkson wurde am 11. Oktober 1948 als viertes von zehn Kindern des katholischen Zimmermanns Pius und der methodistischen Gemüseverkäuferin Agnes in Nsuta Wassa, Western Region, geboren.[1] 1962 begann er mit dem Studium am St. Teresa's Seminary in Amisano bei Elmina, das er 1967 beendete und zwischen 1969 und 1971 mit einem Philosophiestudium am St. Peter's Regional Seminary in  Pedu bei Cape Coast fortsetzte. Anschließend besuchte er das St. Anthony's Seminary in den Vereinigten Staaten, das er als Master of Theology abschloss.[2]

Turkson arbeitete in den 1970er und 1980er Jahren zeitweise als Professor am St. Teresa's Seminary sowie als stellvertretender Leiter am St. Peter's Regional Seminary. Am Päpstlichen Bibelinstitut erlangte er 1980 nach vierjährigem Studium das »Lizenziat der Heiligen Schrift« (englisch licentiate in Sacred Scripture) und 1992 nach fünfjähriger Studienzeit den Doktortitel (doctorate in Sacred Scripture). Zwischenzeitlich war Turkson als Lecturer an der University of Cape Coast (1981–1987) und am Saint Coeur de Marie Major Seminary in Anyama, Elfenbeinküste (1983–1986) sowie als Kaplan in Cape Coast (1984–1986) tätig.[3] In den Sommermonaten 1979 und 1980 arbeitete der Ghanaer einige Wochen lang als Aushilfspfarrer im bayerischen Illertissen-Au.

Am 21. Am 20. Juli 1975 empfing Peter Turkson in der St. Francis de Sales Cathedral durch den damaligen Erzbischof von Cape Coast, John Kodwo Amissah, das Sakrament der Priesterweihe. Nach dem plötzlichen Tod Amissahs ernannte Papst Johannes Paul II. Turkson am 6. Oktober 1992 zum Erzbischof von Cape Coast. Die Bischofsweihe empfing er am 27. März 1993 durch den Erzbischof von Accra, Dominic Kodwo Andoh, in der St. Francis de Sales Cathedral von Cape Coast; Mitkonsekratoren waren der Erzbischof von Tamale und spätere Kardinal Peter Poreku Dery sowie der Erzbischof von Kumasi, Peter Kwasi Sarpong. Turksons Wahlspruch als Bischof lautete Vivere Christus est (»Christus ist das Leben«) und stammt aus dem Brief des Paulus an die Philipper (Phil 1,21 EU).[3]

Von 1997 bis 2005 leitete er die ghanaische Bischofskonferenz. Er ist Großkanzler der 2002 gegründeten Catholic University College of Ghana. Seit 1997 gehört Turkson der Päpstlichen Kommission für den Dialog zwischen den Methodisten und den Katholiken an.[5] Er hatte zahlreiche weitere Ämter inne, unter anderem bei dem Symposium der Bischofskonferenzen von Afrika und Madagaskar.

Am 21. Oktober 2003 wurde er von Papst Johannes Paul II. als Kardinalpriester mit der Titelkirche San Liborio in das Kardinalskollegium aufgenommen. Nach dem Tod von Johannes Paul II. nahm Kardinal Turkson am Konklave 2005 teil. Am 14. Februar 2009 ernannte ihn Benedikt XVI. zum Generalrelator der im Oktober desselben Jahres stattfindenden Sonderversammlung für Afrika der Bischofssynode.[6]

Am 24. Oktober 2009 wurde er von Papst Benedikt XVI. zum Präsidenten des Päpstlichen Rates für Gerechtigkeit und Frieden ernannt.[7] Papst Franziskus hat ihn am 24. September 2013 in diesem Amt bestätigt.[8]

Turkson spricht Fante und andere ghanaische Sprachen sowie fließend Englisch, Französisch, Italienisch, Deutsch und versteht Latein und Hebräisch.[9]

Nach dem Rücktritt von Papst Benedikt XVI. nahm Kardinal Turkson am Konklave 2013 teil und wurde häufig als papabile gehandelt.[10]

Papst Franziskus ernannte ihn am 8. Dezember 2013 zum Sonderbeauftragten für die Zeremonie zum Gedenken Nelson Mandelas, die am 10. Dezember 2013 stattfand.[11]

Am 31. August 2016 ernannte ihn Papst Franziskus zum ersten Präfekten des neuerrichteten Dikasteriums für die ganzheitliche Entwicklung des Menschen, in dem die Tätigkeit des bisher von ihm geleiteten Päpstlichen Rates für Gerechtigkeit und Frieden zum 1. Januar 2017 aufging.

Vorwort Michael Gerling

Die Interessengemeinschaft für gesunde Lebensmittel nimmt viele Perspektiven ein, wenn es um Fragen einer gesunden Ernährung geht.

- Was sagen die Ärzte?
- Wie stehen die Landwirte dem Thema gegenüber?
- Welchen Beitrag leisten die staatlichen Stellen?
- Was machen die Nahrungsmittelhersteller und wie sieht es in der chemischen Industrie aus?
- Wie ist der Handel aufgestellt und welchen Einfluss hat er auf seine Kunden?
- Was können die Menschen selbst bewegen?

Gesunde Ernährung geht uns alle an. Jeder Einzelne sollte ein Interesse daran haben, die Unternehmen und die Sozialgemeinschaften natürlich nicht weniger.

Wie aber wird die Ernährung in verschiedenen Kulturkreisen gesehen? Und welche Verankerung hat sie in den großen Weltreligionen? Dieser Frage geht Georg Sedlmaier in seinem neusten Buch nach. Und er hat dafür viele namhafte Autoren gefunden, die eindrucksvoll schildern, welche grundlegende Bedeutung die Ernährung in den Religionen einnimmt. Die Ernährung als Mittel zum Leben hat in allen Religionen eine wesentliche Rolle. Denken wir an die Fastenzeiten oder an die Ernährungsregeln im Islam oder in der jüdischen Religion.

Georg Sedlmaier eröffnet einmal mehr eine neue Perspektive. Eine Perspektive mit großer historischer Dimension, abseits eingetretener Pfade. Eine Reise durch die Weltreligionen. Eine Wiederentdeckung traditioneller Werte, die viele Denkanstöße bietet. Schön, dass es dieses Buch gibt.

Vita Michael Gerling

Michael Gerling wurde am 24. Februar 1964 geboren.

Er studierte Betriebswirtschaft mit Schwerpunkt Handel an der Westfälischen Wilhelmsuniversität in Münster und schloss sein Studium 1998 als Diplom-Kaufmann ab.

Michael Gerling arbeitete in verschiedenen Handelsunternehmen im Lebensmittelbereich im In- und Ausland. Als Berater der amerikanischen CSC Computer Sciences Corporation sammelte er Erfahrungen im Fashion-Handel.

Seit 1999 ist er Geschäftsführer des EHI Retail Institute in Köln. Er ist ehrenamtlicher Geschäftsführer des MLF-Mittelständische Lebensmittel-Filialbetriebe und agiert in zahlreichen Branchengremien und Beiräten. Ebenso genießt er als Autor und Referent branchenweite Bekanntheit.

Vorwort des Herausgebers Georg Sedlmaier – »Lebensmittel als Mittel zum Leben – aus Sicht der Weltreligionen«

Warum und wozu dieses neue Buch?

Zuerst mein Erlebnis:

Als ich auf der Frankfurter Buchmesse vor ein paar Jahren eines meiner neuen Bücher vorstellte, besuchte ich auch den Buchstand des Vatikans. Ein redegewandter Priestertheologe beeindruckte mich sehr. Mühelos wechselte er von einer Sprache in die andere.

Ich fasste Mut und sagte zu ihm: »Als Theologe wissen Sie, dass es das Priesteramt, das Lehramt und das Hirtenamt gibt. Die Hirten brauchen Schafe und die Schafe gutes Futter. Ich kümmere mich als Lebensmittelkaufmann um gesunde Lebensmittel.«

Seine überraschende Antwort war: »Mit Ernährung und Lebensmitteln haben wir nichts zu tun!« Ich verwies auf die bekannte Vaterunser-Bitte: »Unser tägliches Brot gib uns heute«, und meinte: »Viele Missionare sorgen zuerst für sauberes Trinkwasser. Den Benediktinern und anderen Mönchen verdanken wir Klostergärten und viele landwirtschaftliche Erkenntnisse und vieles mehr.« Ich konnte ihn nicht überzeugen.

Dieses Frankfurter-Buchmesse-Erlebnis habe ich nun mehrere Jahre verdrängt – aber es hat mich nicht mehr losgelassen.

Als Erstes habe ich Prof. Dr. Ibrahim Abouleish, Gründer der bekannten Oase SEKEM in der ägyptischen Wüste, befragt. Er ist auch Gründer der Heliopolis Universität bei

Kairo und Träger des Alternativen Nobelpreises und »IG FÜR... gesunde Lebensmittel«-Ehrenmitglied.

Seine Antwort ermunterte mich: »Ihre Buchpläne sind sehr wichtig und werden die Debatte über gesunde Lebensmittel bereichern. Lebensmittel als Mittel zum Leben – aus Sicht der Weltreligionen. Gerne schreibe ich aus Sicht des Islams zu Nahrungsmitteln.« (Zitat)

Nun freue ich mich, dass als Beitrag zur Wertschätzung der Mittel zum Leben dieses Büchlein unter internationaler Autoren-Mitwirkung entstehen konnte.

Die Autoren haben alle ehrenamtlich geschrieben, obwohl sie eigentlich überhaupt keine freie Zeit hatten. Herzlichen Dank! Auch meine Arbeit ist wieder ehrenamtlich. Der Reinerlös dieses meines sechsten Büchleins als Sammelband ist wieder für SOS Kinderdorf e. V. und die von mir gegründete internationale Interessengemeinschaft für gesunde Lebensmittel bestimmt (kurz IG FÜR...).

Meine langjährige Kollegin Manuela Schlereth hat mir in bewährter Form beim Schreiben mit Rat und Tat wieder prima geholfen.

Beim Probelesen dieser Texte aus dem Koran, jüdischen Speiseregeln, aus Buddha-Sicht, aus Altem und Neuem Testament (Bibel), aus Sicht des Ordensgründers Benedikt von Nursia, aus katholischer und evangelisch-lutherischer Sicht hatte ich echte Glücksgefühle.

Möge dieser internationale Sammelband ein Beitrag zum interkonfessionellen Dialog, zur Bewusstseinsbildung und Friedenssicherung und zur Bewahrung der Schöpfung und der Vielfalt werden.

Georg Sedlmaier
Lebensmittelkaufmann und Herausgeber

Vita Georg Sedlmaier

1997 gründete der geborene Niederbayer unter dem Motto »Lebensmittel sind Mittel zum Leben! und jeder Einkauf ist Ihr Stimmzettel!« die IG FÜR. Seitdem ist er das Gesicht der IG FÜR und trägt als Vorsitzender die IG-FÜR-Themen unermüdlich in die Öffentlichkeit.

Mit Lebensmitteln kennt er sich aus: Mehr als 50 Jahre war er als Lebensmittelkaufmann tätig. Zahlreiche namhafte Unternehmen wie Rewe, Edeka, Dallmayr und Feneberg zählen zu seinen beruflichen Stationen. Ab 1990 war er in verschiedenen Geschäftsbereichen in der Geschäftsleitung von tegut... tätig. Daneben war er über 18 Jahre Mitglied im Vorstand der tegut... Theo Gutberlet Stiftung & Co.

Außerdem engagiert sich der Lebensmittelkaufmann seit über 30 Jahren ehrenamtlich für die SOS-Kinderdörfer und ist als Autor und Herausgeber tätig. Zuletzt veröffentlichte er den Sammelband »Vielfalt statt Einfalt – Leben und Essen im Einklang mit der Natur« und den Sammelband »Gesund durchs Leben«.

Georg Sedlmaier – Schöpfungsgebet

Lieber Gott, Schöpfer des Alls, viele Menschen hungern, ihnen fehlen sauberes Wasser und gesunde Lebensmittel als »Mittel zum Leben«. Andere leben in einer »Überfluss-Wegwerf-Gesellschaft« und denken nur an sich selber.

In der Bibel lesen wir, wie du Mose berufen hast, Menschen in ein Land zu führen, »wo Milch und Honig fließen«. Du ließest durch den Stab des Mose Wasser aus dem Felsen fließen und gabst dem hungernden Volk Manna als Nahrung in der Wüste. Der große König David dankte dir in den Psalmen für »Korn und Wein in Fülle«.

»Du führst mich zum Ruheplatz am Wasser, Du deckst mir den Tisch vor den Augen meiner Feinde, Du salbst mein Haupt mit Öl, Du füllst mir reichlich den Becher.« »Du lässt Gras wachsen für das Vieh, auch Pflanzen für den Menschen, die er anbaut, damit er Brot gewinnt von der Erde und Wein, der das Herz des Menschen erfreut, damit sein Gesicht von Öl erglänzt und Brot das Menschenherz stärkt.«

Dein Sohn Jesus Christus verwandelte bei der Hochzeit von Kana Wasser in köstlichen Wein. Nach erfolglosen Mühen fingen die Apostel am See Genezareth auf sein Geheiß eine so große Menge Fische, dass ihre Netze zu reißen drohten. Mit nur fünf Broten und zwei Fischen speiste er fünftausend Männer und deren Frauen und Kinder. Jesus sagte zuvor: »Gebt ihr ihnen zu essen«, und ließ alle Speisereste in großen Körben aufsammeln, damit nichts verdirbt.

Jesus lehrt uns im Vaterunser-Gebet die Bitte: »Unser tägliches Brot gib uns heute.« Beim letzten Abendmahl hat er seinen Aposteln und deren Nachfolgern Brot und Wein als immerwährende himmlische Gabe, als seinen Leib und sein Blut, zur Stärkung anvertraut und ihnen den Auftrag gegeben: »Tut dies zu meinem Gedächtnis.«

Unser himmlischer Vater, du bedienst dich für deine Wundergaben der Hände deiner Jünger und vieler Menschen guten Willens. Lass uns unser tägliches Brot in Dankbarkeit und geschwisterlicher Gemeinschaft genießen. Schon der Völkerapostel Paulus schreibt: »Ob ihr esset oder trinket, tut alles zur Ehre Gottes.« Als Abbild deiner göttlichen Allmacht schenkst du uns – du wahrer Gott und Vater – eine wundervolle Schöpfung.

Wir haben die Lebensaufgabe, diese deine Schöpfung mit Respekt zu nützen und sie auch für unsere Kinder und Enkel zu bewahren. Zeige uns die richtigen Wege, wie wir die Schöpfung pflegen und das Menschenrecht auf gesunde Ernährung für alle durchsetzen können.

Dafür hast du uns Mitverantwortung anvertraut.

Hilf uns, Ärger mit Humor, Angst mit Mut und Zweifel mit Wahrheitsliebe zu besiegen und so eine bessere Welt zu gestalten, die ganz deinem Wollen entspricht.

Amen.

Dr. Ibrahim Abouleish – Lebensmittel als Mittel zum Leben aus Sicht des ISLAM

Der Islam beinhaltet eine grundlegende Ernährungsethik mit klaren Regeln und Pflichten. Diese haben das Wohlbefinden des Menschen und seine Gesundheit, die Gesundheit aller Lebewesen sowie die Pflege der Natur im Auge. Es ist die Pflicht des Menschen, diese Weisungen im Leben anzuwenden. Denn Allah hat den Menschen die Verantwortung für die Entwicklung der Erde und seiner Geschöpfe angeboten und die Menschen haben sie angenommen, obwohl ihnen anfänglich nicht bewusst war, wie groß und weitreichend das ist:

Wir haben die Weltenverantwortung den Himmeln und der Erde angeboten, sie aber weigerten sich, sie zu tragen, sie erschraken davor. Der Mensch trug es – er hat sich selbst überschätzt aus Unwissenheit. (Die Parteien, Sure 33, 72)

Die Gesundheit der Menschen nimmt im Islam eine hohe Stellung ein. Muslime haben die Aufgabe, sich darum zu bemühen, sie zu fördern und zu erhalten. Der Prophet Mohamed sagt: »Bittet Allah um Vergebung und um Gesundheit, denn nach dem Geschenk der Gewissheit gibt es nichts Besseres als die Gesundheit.« (Überlieferung nach Tirmidhi)

Die Pflege der Gesundheit, verbunden mit der Pflege der Natur, stellt die Lebensmittel in einen verantwortungsethischen Kontext. Lebensmittel können nur dann gesundheitsfördernd sein, wenn sie rein (tajeb) sind, und das bedeutet, nicht nur erlaubt (halal) und rein im physischen Sinne sind, sondern auch moralischen Kriterien entsprechen. Deshalb gilt: Wenn Lebensmittel dem natürlichen und göttlichen Zusammenhang entfremdet werden, dann sind sie verboten (haram).

O, die ihr glaubt, esst von den besten Dingen, die Wir euch beschert haben, und dankt Allah, so ihr Ihn anbetet. (Die Kuh, Sure 2,172)

So ist Gottergebenheit nicht auf das religiöse Gefühl beschränkt, sondern ist in einer ganzheitlichen Perspektive zu sehen, die das gesamte Ökosystem umschließt. Der Islam fordert einen artgerechten und fairen Umgang des Menschen mit seiner Umwelt, mit dem Boden, den Elementen und allen Lebewesen. Die gesamte Schöpfung muss geehrt und gepflegt werden, weil sie göttlichen Ursprungs ist:

Er ist es, der hervorgebracht hat Gärten, mit Hecken und ohne Hecken, und Palmen und Saaten verschiedener Sorten, Oliven und Granatäpfel, ähnlich und unähnlich.

Esset von ihren Früchten, wenn sie reif sind, und gebt seinen Teil davon am Tag der Ernte, und übertreibt nicht. Er liebt nicht die Maßlosen. (Das Vieh, Sure 6,141)

Siehst du denn nicht, dass alle Wesen Allah preisen, in den Himmeln und auf der Erde, und die Vögel mit ausgebreiteten Flügeln? Jeder kennt sein Gebet und seinen Lobpreis. Und Allah weiß, was sie tun. (Das Licht, Sure 24, 41)

Die gesamte Schöpfung ist Allah hingegeben, weil sie sich ihm verdankt. Der Begriff »Islam« bedeutet Hingabe und in diesem Sinne sind auch Pflanzen und Tiere Moslem.

Und es gibt kein Tier, das auf der Erde geht, und keine Vögel, die mit ihren Flügeln fliegen, die nicht Gemeinschaften wären gleich euch. (Das Vieh, Sure 6,38)

Daraus ergibt sich die Pflicht des Menschen, die Mit- und Umwelt zu achten und zu schützen. Allah ist der Schöpfer von allem, was existiert. Die Erschaffung der Welt ist ein Zeichen seiner Weisheit, seiner Barmherzigkeit und Güte – Eigenschaften, die in den 99 Namen Allahs ihren Ausdruck finden.

*Allahs ist der Osten und der Westen. Wohin ihr euch auch wendet, ist das Antlitz Allahs. Allah ist umfassend und allwissend. (*Die Kuh, Sure 2, 115)

Der Respekt des Menschen gegenüber der Natur ist Gottesdienst. Biologische Landwirtschaft vertritt Werte, die der Islam vollumfänglich teilt. So pflegen die Bauern der biologischen Landwirtschaft die Lebewesen in der Erde und achten auf das Gleichgewicht der Mineralien und Mikroorganismen, der Elemente und von allem, was auf der Erde wächst und in den Lüften lebt. Die biologischen Anbauprinzipien berücksichtigen die Planeten- und Sternenkonstellationen und damit die Wechselwirkung zwischen Kosmos und Erde.

So ist auch das Praktizieren der Rituale des Islams eingebunden in kosmologische Rhythmen. Die Zeiten der täglichen Gebete im Islam richten sich nach dem Lauf der Sonne: vor Sonnenaufgang, zur Mittagszeit, Nachmittag, vor Sonnenuntergang und nach Sonnenuntergang. Analog dazu sind die Lebensrhythmen in der Pflanze am Sonnenlauf angeschlossen. Wenn die Morgenröte naht, beginnen die Pflanzen Zucker zu bilden, bis die Sonne im Zenit steht und dieser Prozess aufhört. Danach, bis nachmittags, wenn die Sonne Schatten wirft, die so lang sind wie die Pflanze selbst, schläft die Pflanze. Der Zeitpunkt ist natürlich über das ganze Jahr hin verschieden, entsprechend dem Sonnenlauf. Vom Nachmittag bis Sonnenuntergang transportiert die Pflanze den Zucker, den sie gebildet hat, in alle ihre Organe. Nach Sonnenuntergang beginnt dann ein dritter Prozess, bei dem die Pflanze aus dem Zucker Wirkstoffe, Öl und Geschmacksstoffe bildet. Mit Einbruch der Dunkelheit hört auch dieser Prozess wieder auf und die Pflanze fängt an, in der Nacht zu wachsen. Vier Prozesse sind es entsprechend den fünf Sonnenstellungen, die das Leben der Pflanze zur Erscheinung bringen. Der Prophet Mohammed empfahl uns, fünfmal zu diesen Zeiten zu beten und uns auf das Übersinnliche hin zu wenden. Durch den Zusammenhang der fünf Gebete mit dem Sonnenlauf und den Rhythmen der Pflanzenwelt schließt sich der betende Mensch an die kosmischen und irdischen Prozesse an. Deshalb sollen wir die kosmische Beziehung zur Pflanzenwelt heiligen.

Alle weiteren Gebote bezüglich Ernährung und Herstellung von Lebensmitteln sind in diesem Zusammenhang zu sehen, von der Tierhaltung über die Schlachtungsvorschriften bis zu den Richtlinien beim Fleischverzehr:

> *Verboten ist euch Verendetes, Blut, Schweinefleisch und das, worüber ein anderer als Allah angerufen worden ist, und Ersticktes, Erschlagenes, Gestelztes, Gestoßenes und das, was ein wildes Tier angefressen hat – ausgenommen das, was ihr schächtet.*
> (Der Tisch, Sure 5,3)

Die schöpfungstheologische Ausrichtung des Islam bildet bis in unsere Zeit hinein eine Richtschnur, inwiefern neue Erkenntnisse im Bereich der Landwirtschaft und generell der Lebensmittelproduktion zu beurteilen sind. Der Eingriff in die Struktur von Pflanzen und Tierzellen durch Gentechnik verändert die weisheitsvollen Funktionen des Lebendigen und widerspricht der verehrenden Haltung gegenüber dem Schöpfer. Der Koran warnt davor, die Schöpfung zu verunstalten, es handelt sich um eine Verführung und so lässt er das Widergöttliche folgende Worte sprechen:

Ich werde mir von deinen Dienern einen festgesetzten Anteil nehmen, und ich werde sie irreführen, und werde sie zu Wunsch und Wahn verführen und ich werde ihnen befehlen, dass sie die Ohren der Herdentiere stutzen, und ich werde ihnen befehlen, dass sie die Schöpfung Allahs verändern.

Wohin das führt, wird anschließend gleich formuliert:

Doch wer sich den Satan anstelle Allahs zum Freund nimmt, der wird einen offenkundigen Verlust erleiden. (Die Frauen, Sure 4, 117-118)

Säkulare Erkenntnisse, die aus dem Respekt gegenüber der Schöpfung gewonnen werden und die helfen, die Ernährung qualitativ und im Dienste der Gesundheit zu verbessern, setzen fort, was Allah als heilende Impulse in die Natur hineingelegt hat. Die Menschen sollen über die Weisheit der Natur nachdenken, von ihr lernen und forschen:

Und dein Herr hat der Biene offenbart: »Nimm dir Wohnungen in den Bergklüften, in den Bäumen und in dem, was Menschen aufbauen.

Dann iss von allen Früchten, und wandle auf den Wegen deines Herrn, die dir leicht gemacht sind.« Aus ihrem In-

neren kommt ein Saft von mannigfacher Farbe, in ihm ist Heilung für die Menschen. Darin ist ein Zeichen für Leute, die nachdenken.
(Die Bienen, Sure 16:68-69)

Vita Ibrahim Abouleish

SEKEM – eine ägyptische Initiative für nachhaltige Entwicklung

Dr. Ibrahim Abouleish war der Gründer von SEKEM, einer Initiative zur nachhaltigen wirtschaftlichen, sozialen und kulturellen Entwicklungsförderung in Ägypten, welche weltweit als erfolgreiches Modell für die Kombination von wirtschaftlichem Erfolg, Respekt für die Umwelt und einem hohen humanitären und ethischen Anspruch gilt.

Dr. Ibrahim Abouleish ist 1937 in Ägypten geboren. Nach dem Studium der Medizin und Chemie in Graz (Österreich) und der Begegnung mit der europäischen Kultur machte sich der ägyptische Unternehmer auf die Suche nach einem umfassenden Ansatz für seine Heimat, der die ökologische Zerstörung, den kulturellen Verfall und die Krise des Bildungssystems überwinden sollte. Mit SEKEM (eine altägyptische Hieroglyphe, bedeutet »Lebenskraft«) setzte er sich die nachhaltige Entwicklung der Region zum Ziel. Das Projekt begann 1977 und gilt heute als »economic powerhouse« mit über 2000 Mitarbeitern in sechs Wirtschaftsunternehmen (biologisch-dynamische Landwirtschaft, Lebensmittel- und Textilindustrie sowie Heilmittelherstellung). Die erwirtschafteten Gewinne werden nach Rückstellungen überwiegend in den gemeinnützigen Verein»Sekem Development Foundation« in Bildung, Forschung und Kultur investiert. Mit Kindergärten, Schulen und einem ganzheitlichen Bildungsangebot gilt das Projekt auch als islamisches Modell für Ökologie, Menschenrechte, Forschung und ganzheitliche Bildung.

Getragen von dem Grundgedanken des sich ergänzenden Nebeneinanders der Bereiche Wirtschaft, Kultur und Menschenrechte, gründete Prof. Dr. Abouleish die Heliopolis Universität für Nachhaltige Entwicklung, in der Führungskräfte für die zukünftigen Aufgaben in Ägypten ausgebildet werden.

Mit seinem Leben und Werk verdeutlicht Dr. Abouleish, wie aus individuellen Visionen wirksame Initiativen entstehen können. Neben vielfältigen Auszeichnungen erhielt Dr. Ibrahim Abouleish 2003 den Alternativen Nobelpreis und 2012 den »Business for Peace Award« in Oslo.

Im Sommer 2016 hatten Prof. Dr. Ibrahim Abouleish und Georg Sedlmaier, Gründer der IG FUER…, ein sehr freundschaftliches Treffen bei Firma Rapunzel im Allgäu. Mit folgenden Zeilen aus Ägypten ermunterte jener zu diesem Buchprojekt:

»Ihre Buchpläne sind sehr wichtig und werden die Debatte über gesunde Lebensmittel bereichern. Lebensmittel als Mittel zum Leben – Aus Sicht der Weltreligionen. Gerne schreibe ich aus Sicht des Islams zu Nahrungsmitteln.«

Am 15. Juni 2017 verstarb Dr. Ibrahim Abouleish. Seinen 80. Geburtstag und das 40. Jubiläum der SEKEM-Gründung hatte Abouleish im März noch im Kreise zahlreicher Freunde und Weggefährten begehen können.

SEKEM – P.O.B. 2834 – El Horrya, Heliopolis, Kairo, Egypt

E-Mail: Dr.Abouleish@Sekem.com www.sekem.com

Prof. Dr. Ibrahim Abouleish, Gründer der Sekem-Initiative:

Ibrahim Abouleish
1937 – 2017

»Die Freude, die ich jeden Morgen verspüre, die Begeisterung für meine Arbeit und die unermessliche Liebe, die mein Herz erfüllt meinen Mitmenschen gegenüber, entspringt einer Vision der Gemeinschaft. Eine Gemeinschaft zu gründen, in der Menschen aller Nationen und Kulturen friedvoll miteinander arbeiten und lernen – und wie eine Sinfonie harmonisch zusammenklingen. Eine Gemeinschaft, in der Berufe aus allen Lebensbereichen, aus allen Altersstufen und Bewusstseinszustände, die die übersinnliche Welt anerkennt, pflegt, liebt und höhere Ideale anstrebt.

Eine lebendige, sich fortwährend erneuernde Gemeinschaft, die ihre Dynamik erhält durch das Streben nach einer Wissenschaft des Geistes. Eine Gemeinschaft, die zur Wahrheit und Geduld strebt und die Erkenntnisse im Dienst des Menschen und der Umwelt selbstlos einsetzt.

Eine Gemeinschaft, in der anstelle von Eitelkeit, Bequemlich-

keit die Bescheidenheit und Fleiß erübt werden, so dass sie aus dem Himmel Unterstützung bekommt.«

Für diese Vision haben wir Institutionen geschaffen, die Lebensräume für Entwicklung bieten:

Im Wirtschaftsleben sind es die SEKEM Group Companies.

Das Rechtsleben vertritt die Kooperative der SEKEM-Mitarbeiter.

Das Kulturleben wird durch die Sekem Development Foundation vertreten und die Heliopolis Universität für Nachhaltige Entwicklung.

Damit die SEKEM-Vision auch in Zukunft weiterhin wirksam bleibt, ist die Abouleish-Stiftung gegründet worden.

Rupert Ebbers – Gut leben – maßvoll genießen

Zu wenig oder zu viel?

Vielleicht hatten Sie schon mal zu wenig zu essen, haben Sie schon Entbehrung erlebt? Ich nicht. Alle Tage meines bisherigen Lebens standen mir Speise und Trank immer ausreichend zur Verfügung. Als junger Mann konnte ich essen, so viel ich wollte. Dann machte ich eines Tages die Entdeckung, dass der Genuss von leckeren Dingen maßvoll geschehen muss, falls mir meine Figur nicht gleichgültig ist oder gar meine Gesundheit. Ich gehöre also zu den vielen Menschen unserer Breitengrade, die nicht geplagt sind von der Sorge, wie sie das für ein gutes Leben Notwendige erhalten können, sondern eher von der Frage, wie sie einem Zuviel wehren sollen.

Verzicht?

Sosehr Verzichtsübungen immer auch Bestandteil christlichen Tugendstrebens waren und sind (beispielsweise in der vorösterlichen Fastenzeit; da will das Verzichten eher eine geistliche Übung sein und weniger eine körperliche), so sehr haben mich all die unterschiedlichen Motivationsversuche, Verzicht zu üben, nicht wirklich angesprochen. Hat nicht der Schöpfer uns begabt mit der Fähigkeit zu genießen? Und kein vernünftiger Grund lässt sich finden, warum wir Menschen diese Fähigkeit nicht immer wieder kultivieren sollten. Jesus hat sich auffällig oft zu einem Essen einladen lassen – ob bei seinen Freunden in Betanien oder bei Gesetzeslehrern oder bei Zöllnern. Wäre Jesus ein Kostverächter gewesen, hätte er andere Gelegenheiten gefunden als das gemeinsame Mahl, den Menschen heilsam zu begegnen. Nein, es spricht nichts gegen eine gute Mahlzeit mit gutem Essen und Trinken. Das hält bekanntlich Leib und Seele zusammen. Verzichten hat gewiss seine Berechtigung, das stelle ich nicht in Frage. Aber ein Verzicht um des Verzichts willen ist weniger eine (geistlich) gesunde, als vielmehr eine fragwürdige Übung.

Beschränkung, die nicht einengt

Als ich mit 40 eingetreten bin in ein Benediktinerkloster, hatte dieser große Schritt in meinem Leben verschiedene Gründe; sicherlich hatte er aber auch etwas mit Verzicht zu tun. Das eigene Auto, die eigene Immobilie, das eigene Handy, das eigene Girokonto – all diese mir bis dahin selbstverständlichen Lebensbegleiter wurden plötzlich unselbstverständlich. Oder genauer: Das Ideal, Eigentum und Besitz ausschließlich als Gemeinschaft zu verwalten und nicht als Einzelner, war und ist für mich wirklich ein Ideal. Sich nicht sorgen zu müssen um die Lebensversicherung, nicht nachrechnen zu müssen die Kilometerkosten des Autos, nicht nachforschen zu müssen nach den besten Zinskonditionen, all das habe ich als ein Stück Freiheit erlebt. Sich freiwillig zu beschränken und auf eine gewisse Form der Autonomie zu verzichten, kann um dieses Wertes willen, dass der Besitz einer Gemeinschaft jedem Mitglied in gleicher Weise gehört, als sinnvoll und befreiend erlebt und gelebt werden. Mit Entbehrung hat das nichts zu tun, denn im Kloster stand mir alles zur Verfügung, wessen ich bedurfte. Als ich drei Jahre später wieder zurückkam ins »normale« Leben, habe ich manche wiedergewonnene Autonomie durchaus geschätzt. Dennoch kann ich heute sagen, dass ich mancherlei Beschränkungen in dieser Zeit nicht als Einengung erlebt habe. Man muss es wollen, das ist klar.

Eine Lebensregel?

Gerne versuche ich, mit diesen Zeilen einen kleinen Beitrag zu leisten im dankbaren Rückblick auf meine Erfahrungen als Benediktiner. Natürlich hatte mich der heilige Benedikt schon lange vor meinem Eintritt fasziniert. Benedikt von Nursia war nicht der Einzige, der im 6. Jahrhundert eine Regel geschrieben hatte, nach welcher eine Klosterfamilie leben soll. Die vielen anderen Regeln aus dieser Zeit sind bald in der Bedeutungslosigkeit verschwunden. Benedikt aber hatte eine Regel entworfen, die eine nicht zu überschätzende Bedeutung gewonnen hat für das ganze christliche Abendland. Die großen Schulen des Mittelalters waren fast ausnahmslos benediktinisch geprägt. So hatte Papst Johannes Paul II. guten Grund, den heiligen Benedikt zum Patron Europas zu erheben.

Als ich die Regel des heiligen Benedikt näher studierte, musste ich immer wieder staunen. Benedikt nimmt zu fast allen Situationen und Geschehnissen des Lebens in seiner Regel Stellung und deutet bzw. ordnet sie mit einem Wort aus der Heiligen Schrift. Er hat einen äußerst nüchternen und realistischen Blick auf den Menschen. Er schreibt sehr lebensnah. Dabei ist er beseelt von der Überzeugung, dass die Klosterfamilie wie ein Leuchtturm Hinweis auf das Reich Gottes sein soll inmitten der Welt. Einer durch unsere menschlichen Schwächen unvermeidlichen Diskrepanz zwischen Ideal und Wirklichkeit ist sich Benedikt durchaus bewusst. Eigentlich will seine Regel nicht nur hinter Klostermauern gelten, wo sich heute weltweit etwa 40.000 Nonnen und Mönche nach ihr ausrichten. Benedikt versteht seine Regel als eine Handreichung für das Christsein im Ernstfall. Jeder Getaufte, der im Glauben wachsen und auf dem Weg zum Leben voranschreiten will, kann die »Regula Benedicti« für sich als Lebensregel entdecken.

Die Kunst des guten Maßes als Lebensregel

Benedikt ist in gewisser Weise ungerecht. Er will nämlich nicht, dass alle das Gleiche bekommen. Ob es um die Zuteilung der Kleidung oder des Essens geht: Benedikt sorgt sich liebevoll darum, dass die, die mehr brauchen, auch mehr bekommen. Wer anspruchsloser ist, soll auch mit weniger zufrieden sein. Der Abt, der Vorsteher des Klosters, bekommt die nicht immer einfache Aufgabe zugeteilt, möglichst dem Einzelnen gerecht zu werden, seine Bedürfnisse wahrzunehmen, gleichzeitig aber die Klosterfamilie als ganze im Blick zu behalten. Ich schätze, so läuft es doch auch in den meisten unserer Familien. Natürlich wollen Eltern gerecht sein. Aber wenn ein Kind in einer bestimmten Situation eben etwas Besonderes braucht, dann werden es die Eltern ihm doch geben, auch wenn die anderen Kinder nicht das Gleiche erhalten.

Für Benedikt ist ganz wichtig, dass man bei allem Tun und Lassen immer das gute Maß findet. Nicht zu viel schlafen und nicht zu wenig. Nicht zu viel arbeiten und nicht zu wenig. Nicht zu wenig beten und nicht zu viel. Nicht zu viel essen und trinken und nicht zu wenig. Das zieht sich durch die ganze Regel. Man könnte Benedikt vielleicht so zusammenfassen: die Kunst des gelingenden Lebens ist die Kunst des guten Maßes. Maßlosigkeit ist ein Übel, das unbedingt vermieden werden muss. Die Maßlosigkeit hat viele Laster zur Folge, weiß Benedikt. Und wer möchte ihm widersprechen?

Wenn wir also von Entbehrung sprachen und vom Verzichten und davon, dass beides seine Berechtigung haben kann, wenn es freiwillig und sinnvoll motiviert geübt wird, so ist mir doch dieser Leitgedanke des heiligen Benedikt viel lieber: Halte Maß in allem! Lebe maßvoll! Das heißt: Arbeite maßvoll. Erhole dich maßvoll. Schlafe maßvoll. Iss und trinke maßvoll. Genieße maßvoll. Wann ist das für dich gute Maß voll? Wie kannst du dir dein Maß setzen? Wie kannst du das für dich gute Maß finden? Was kann dich motivieren, das Maßhalten als Lebensregel einzuüben?

Der gute Wein – aber nur in guten Maßen

Wenn ich zum Oktoberfest fahre, dann muss ich mich entscheiden, wie viel »Moaß« Bier ich trinke. Für den einen ist 1 Liter des flüssigen Weizens schon mehr als genug, ein anderer verträgt auch mehrere. Jeder hat sein Maß. Zur Zeit des heiligen Benedikt hat man in Italien natürlich kein Bier getrunken. Was für viele von uns heute das Bier, war für die Zeitgenossen Benedikts der Wein. Durften die Mönche denn Wein trinken? Der Wein sei für die Mönche eigentlich überhaupt nicht gut, behauptet Benedikt im 40. Kapitel seiner Regel. Natürlich weiß Benedikt um die Gefahren, die ein Zuviel oder ein Zuoft des Weinkonsums mit sich bringen. Und ob der Wein für ein klösterliches Leben, das doch in der Jesusnachfolge von Einfachheit und Anspruchslosigkeit geprägt sein will, überhaupt nötig ist, ist zumindest zweifelhaft. Benedikt nimmt aber bemerkenswerterweise Rücksicht auf die »Schwächen« der im Kloster Lebenden, wenn er den Genuss des Weines dann doch ausdrücklich erlaubt.

Im Unterschied zu anderen Zugeständnissen, bei denen er – wie gesagt – individuelle Regelungen einräumt, setzt Benedikt aber beim Wein das Maß für alle verbindlich fest: eine Hemina Wein darf jeder jeden Tag konsumieren. So bestimmt er die Obergrenze für alle. Diese alte römische Maßangabe entspricht 0,27 Liter. Dass der Konsum des Weines überhaupt in der Regel des heiligen Benedikt thematisiert wird, ist einer der vielen Hinweise darauf, dass Benedikt nicht kleinkariert, sondern sehr achtsam und mit viel Lebenserfahrung auch jene Details in Blick nimmt, die im Alltag eine Rolle spielen. Und bei der Frage, ob bzw. wie viel Wein die Mönche konsumieren dürfen, wählt Benedikt – wie so oft – einen ausgewogenen, maß-vollen Mittelweg: Er verbietet den Wein nicht, auch wenn er der Meinung ist, dass der Wein eigentlich gar nicht nötig wäre im Kloster, aber er stellt den Weinkonsum auch nicht ins Belieben des Einzelnen.

Für mich ist die konkrete Maßangabe, jeder Mönch dürfe täglich eine Hemina Wein trinken, ein köstliches Beispiel für die Bedeutung des Maßhaltens überhaupt. Der Wein ist ja kein Grundnahrungsmittel, er ist nicht nötig, aber er ist wünschenswert, weil der Genuss des Weines des Menschen Herz erfreut, wie schon in den Psalmen geschrieben steht (Ps 104,15). Also sagt Benedikt ausdrücklich Ja zum Genießen, Ja zur Lebensfreude, für die der Wein Ausdruck ist. Und er sagt gleichzeitig ausdrücklich Ja zum Maßhalten, zum maßvollen Genuss. So will er dem Einzelnen wie auch der gesamten Klosterfamilie einen guten Umgang mit dem guten Wein und damit eine gute und von Freude getränkte Lebensweise ermöglichen. Gut, weil mit einem guten Maß.

Das gute Maß und das lange Leben

Mönche werden alt. Ja, das halte ich für offensichtlich, dass viele Ordensleute ein überdurchschnittlich hohes Alter erreichen. Dafür gibt es sicherlich nicht nur einen einzigen Grund. Ein wesentlicher Grund für ein Leben, das gut gelebt und auch im Älterwerden bewusst aus-gelebt werden kann und will, ist die tägliche Übung des guten Maßhaltens. Eine Lebensweise, die zu Extremen neigt, zu Unausgewogenheiten, Überschwänglichkeiten und Unregelmäßigkeiten, eine solche Lebensweise bietet dem Leben mancherlei »Belastungspunkte«, während eine Lebensführung, die von kontinuierlichem Maßhalten geprägt ist, vielleicht auch mehr Kontinuität erlaubt – im Blick sowohl auf die Lebensdauer als auch auf den Lebensgenuss. Wer dem Maßhalten Raum gibt und maßvoll umgeht mit seinen Ressourcen an Zeit und Energie und nicht zuletzt mit den Ressourcen einer durch maßvolles Essen und Trinken geschenkten Lebensfreude, der intensiviert seine Lebensqualität und schafft gute Voraussetzungen für eine verlängerte Lebensdauer.

Maßhalten auch mit der Energie-Ressource

Apropos Ressource: Benedikt ist von einem weiteren Ideal beseelt, wenn er sagt, dass jede Klosterfamilie weitgehend autark leben soll. Das ist ja eine weitere Form des Maßhaltens, wenn Benedikt wünscht, nicht auf Kosten anderer zu leben – auch wenn man sich diese Kosten »leisten«

kann –, sondern das Leben zu gestalten mit dem, was einem selbst verfügbar ist. Es liegt schon eine Generation zurück, dass die Benediktinerabtei Plankstetten damals eine Vorreiterrolle übernommen hatte und den eigenen Energiebedarf weitgehend autark abzudecken versuchte. Eine große Hackschnitzelheizanlage wurde gebaut, mit der die gesamte Klosteranlage mit ihren unterschiedlichen Klosterbetrieben beheizt werden konnte. Der dafür erforderliche Brennstoff besteht aus erneuerbaren Energien und konnte weitgehend aus dem eigenen Klosterwald gewonnen werden. Die Dieselfahrzeuge wurden umgestellt und mit Rapsöl gefahren. Das klappte damals technisch noch nicht perfekt. Im Winter beispielsweise saß ich in München fest, weil bei Kälte das Rapsöl zu zähflüssig wurde und der Motor nicht ansprang. Diese »kleinen Nachteile« haben wir in Kauf genommen in dem Bewusstsein, dass wir durch unser ökologisches Verhalten ein Zeichen setzten für den ausdrücklich maßvollen Umgang mit der kostbaren Ressource unserer verfügbaren Energieträger.

Maßvoll Lebensmittel herstellen und vermarkten

Als Novizen sollten wir das Kloster kennen lernen nicht zuletzt dadurch, dass wir in den verschiedenen Klosterbetrieben ein kleines Praktikum machen durften. In der Klosterschenke konnte ich das aus eigenem ökologischen Getreideanbau produzierte Bier ausschenken. Und in der Klosterbäckerei habe ich gelernt, was es bedeutet, auf künstliche Triebmittel in den Backwaren zu verzichten, und welche Kunst es erfordert, hochwertiges Brot in unterschiedlichsten Variationen rein ökologisch herzustellen. Im Klosterladen wurden dann die selbst hergestellten Produkte vermarktet.

Es dauerte eine Zeit lang, bis der Kundenstamm immer größer wurde, der weniger auf das üblicherweise glanzvolle Aussehen des Brotes oder die »perfekten« Formen des Gemüses Wert legte, sondern vielmehr darauf, dass unsere Produkte rein ökologisch hergestellt waren. Ist nicht auch das eine Form gesunden Maßhaltens, dass wir das äußere Erscheinungsbild eines Lebensmittels nicht höher bewerten als die Inhaltsstoffe desselben? Wer maßvoll genießen will, sollte nicht nur das Erscheinungsbild des Genussmittels ins Auge fassen, sondern vielmehr bemessen, welche Nährstoffe er tatsächlich zu sich nimmt.

Saisonbedingtes Genießen

Ich gebe zu, dass es für meine Essgewohnheiten gewöhnungsbedürftig war, dass wir Mönche bei den Mahlzeiten wochenlang das gleiche Gemüse oder zum Dessert das gleiche Obst serviert bekamen. In unserem Gästehaus mit damals 80 Betten und etwa 11000 Übernachtungen pro Jahr war das nicht anders: Wer länger bei uns verweilte, um im Kloster Abstand vom Alltag und Regeneration für Leib und Seele zu erfahren, der bemerkte, dass die Küche, deren Kochkünste viel gelobt wurden, tatsächlich wochenlang die gleichen Lebensmittel verarbeitete – wenn auch in unterschiedlicher Weise. Wer gewohnt war, im Winter Erdbeeren und im Mai Weintrauben einkaufen und essen zu können, dem kam das zunächst vielleicht einseitig vor. Bald habe ich diese Weise des Essens aber besser verstanden und zu schätzen gewusst: Natürlich konnten wir auch Obst oder Gemüse in beschränktem Maß einfrieden für einen späteren Verzehr. Aber im Wesentlichen hatte die Küche die äußerst sinnvolle Aufgabe, den Speiseplan zu erstellen aus dem, was unser Schöpfer uns gerade heranreifen ließ auf Feld und Baum. Die Lebensmittel, die wir für die Mahlzeiten hatten, waren immer frisch, natürlich regional hergestellt und damit eben auch saisonal zu verarbeiten. Diese natürliche, d. h. auf Natürlichkeit bedachte Grundhaltung im Umgang mit Lebens- und Genussmitteln hielt Einzug selbst in die Klostermetzgerei. Maßvoll genießen, was uns jetzt und hier gegeben ist, ist wahrer Genuss.

Maßhalten als Herausforderung

Im Blick auf die benediktinischen Lebensgewohnheiten sprachen wir jetzt über den Genuss von Wein, Brot und Gemüse, die ein hohes Maß an Lebensqualität ermöglichen. Zur Lebensqualität gehört für mich heute zum Beispiel auch der Genuss meiner Mobilität. Ich fahre gerne Auto und für mich ist es nicht egal, welches ich fahre. Mit zunehmendem Alter gewinnt die Frage für mich zunehmend an Bedeutung, inwieweit ich mit meinem »Genussgut Auto« meine Mitwelt belaste. Mein »grünes Gewissen« fragt immer lauter nach Effizienzklasse und Abgaswerten. Zur Freude am Fahren gehört für mich wesentlich die Freude an einer möglichst umweltschonenden Mobilität. Da bin ich gefordert, für mich das gute Maß zu finden. Einerseits könnte ich sagen, ich verkaufe mein Auto, ich fahre Fahrrad und nutze öffentliche Verkehrsmittel und entlaste damit die Umwelt. Andererseits könnte ich mir ein Auto leisten, das mir einen optimalen Fahrspaß ermöglicht. Beide Entscheidungen halte ich für unverhältnismäßig und nicht für maßvoll. Das Maßhalten bezieht sich also nicht nur auf den Genuss von Lebensmitteln, es bezieht sich z. B. auch auf den Genuss in Sachen Mobilität. Und da merke ich: Maßhalten ist eine echte Herausforderung.

Der maßvolle Genuss des Lebens heute und das Leben in Fülle

Der Säugling weiß genau, wie viel Muttermilch ihm guttut. Bekommt er zu wenig, dann schreit er. Hat er genug, hört er auf zu trinken. Und an seinem Lebensende wird der hinfällige Mensch das für ihn gute Maß intuitiv gut einhalten. In der Zeit dazwischen verfügen wir also über ein großes Maß an Freiheit, das für uns gute Maß zu finden, damit wir (nicht nur quantitativ, sondern auch qualitativ) das zu uns nehmen, was unser Leben fördert. Nutzen wir diese Freiheit.

Freiheit bringt immer auch die Möglichkeit mit sich, einen Fehler zu machen: Hätte ich doch nie geraucht; warum habe ich damals so viel getrunken; hätte ich doch besser auf mein Gewicht geachtet und mich mehr bewegt ... Solche und ähnliche Erkenntnisse sollten uns nicht in einer depressiven Unzufriedenheit gefangen nehmen, sondern uns vielmehr nüchtern deutlich machen, dass unsere Freiheit ein ständiger Lebensgestaltungsraum ist und bleibt und dass wir – so ist es ja in allen Bereichen des Lebens – als Freiheitsbegabte diese Freiheit nie perfekt einsetzen, das jeweils gute Maß oft genug nicht gut finden und nicht immer gut leben.

Für mich bleibt da noch ein Ausblick, mit dem ich meine Betrachtung über das Maßhalten eines gelingenden Lebens gerne abschließen möchte: Während heute für Millionen Menschen unserer Erde zu wenig lebensnotwendige Lebensmittel zur Verfügung stehen, gefährdet mich eher ein Zuviel. In der Fülle der Wahlmöglichkeiten finde ich nicht immer das gute Maß. Dass wir Menschen völlig gegensätzlich einerseits von einem Zuwenig und andererseits von einem Zuviel bedroht sind, ist doch eine Art von Ungerechtigkeit, eine Absurdität, die kaum auszuhalten ist.

Wo wir Menschen ohnmächtig oder unfähig sind, für alle

Menschen das gute Maß, das unser Planet allen ermöglichen würde, auch für alle lebbar zu machen, da riskiere ich gleichsam einen vorsichtigen Blick in ein Leben, das wir uns noch zu wenig vorstellen können. Wenn der Schöpfer uns in dieses zeitliche Leben gestellt hat, damit wir es gestalten und unsere Freiheit recht gebrauchen, dann will nach unserem christlichen Verständnis derselbe Leben spendende Gott eben auch, dass wir über dieses zeitlich begrenzte Leben hinaus wahrhaft leben. Das »Leben in Fülle«, wie es Jesus im Johannesevangelium bezeichnet (Joh 10,10), wird ein Leben sein, das von Unmäßigkeit und Maßlosigkeit nicht mehr bedroht ist. Alle Mühe des Maßhaltens hat für den heiligen Benedikt übrigens dieses eine Ziel: »ad vitam« – zum Leben! Was schon im Prolog seiner Regel anklingt, wird in den letzten Kapiteln entfaltet: Unser diesseitiges Leben will gelebt sein als ein Unterwegs-Sein zu einem ganz anderen Leben.

Weder ein Zuwenig noch ein Zuviel wird in diesem kommenden Leben unser Leben beeinträchtigen können. Versuchen wir also, maßvoll zu genießen, was das Leben heute für uns bereithält. Und richten wir uns getrost aus auf ein Leben, in dem das gute Maßhalten uns vollendet gelingen wird in einer vollendeten Lebensfreude. Dann genießen wir das Leben in Fülle.

Vita Rupert Ebbers

1963   in Bielefeld geboren, aufgewachsen im Raum
            Frankfurt/Main
1982-1987   Studium der Theologie in Mainz, Regensburg
            und Augsburg
seit 1985   Lebensmittelpunkt im Allgäu
1988   Priesterweihe in Augsburg, zwei Kaplanstellen,
            fünf Pfarrstellen
2003 bis 2006 Benediktinerabtei Plankstetten/Oberpfalz,
            seither Geistliche Begleitung und Exerzitien,
2008   Ausbildung in Logotherapie und Existenzana-
            lyse,
2016   Systemische Beratung und Familientherapie,

seit 2008	in Kempten/Allgäu tätig als Pfarrer von inzwischen vier Pfarreien (www.kempten-west-katholisch.de),
seit 2009	Mitarbeiter in der Priesterseelsorge,
2013	erscheint das Büchlein »Gottes Tanz mit Dir«,
seit 2014	Beiträge in der Predigtreihe »Praedica Verbum«, Hobbys: Musik, Bewegung in der Natur, der Mensch

Dr. Bernhard Ehler – »Ich bin das wahre Brot«

Jesus Christus als »Lebensmittel« – als Mittler zum Leben

I. Das Brot für jeden Tag

»Erst kommt das Fressen, dann kommt die Moral.« So heißt es in Bert Brechts »Dreigroschenoper«. Das drückt die Überzeugung aus: Zuerst müssen die menschlichen Grundbedürfnisse befriedigt sein, bevor man sich höheren kulturellen Interessen widmen kann. Die physiologischen Bedürfnisse wie Atmung (saubere Luft), Wärme (Kleidung), Trinken (sauberes Trinkwasser), Essen (gesunde Nahrung) und Schlaf (Ruhe und Entspannung) bilden in der Bedürfnispyramide des US-amerikanischen Psychologen Abraham Maslow die Basis für alle anderen Bedürfnisse. Darauf bauen als nächste Stufen das Bedürfnis nach Sicherheit (Unterkunft; Gesundheit; Schutz vor Gefahren; Ordnung) und sozialen Beziehungen (Liebe, Fürsorge, Kommunikation …) auf.

Lebensmittel heißen so, weil sie die grundlegenden Mittel für unser Leben darstellen. Auffallend ist, in welchem Umfang Lebensmittel und ihr Genuss, das Essen, auch in der Bibel eine Rolle spielen. Weitere Artikel in diesem Buch beschäftigen sich damit und machen deutlich: Christlich-jüdischer Glaube lässt sich nicht aus- und eingrenzen in einen rein spirituellen, geistig-geistlichen Bereich. Er hat zu tun mit dem ganzen menschlichen Leben in all seinen Dimensionen: mit Leib, Seele und Geist.

Das wird deutlich, wenn Jesus seine Jünger das rechte Beten lehrt. Neben die Bitte um das Ernstnehmen Gottes und das Kommen seines Reiches stellt er das ganz konkrete Anliegen, dass uns das Brot, das wir heute brauchen, gegeben werde (Mt 6,11; Lk 11,3). Er lehrt nicht nur, darum zu bitten, sondern erfüllt auch diese Bitte. Gleich an sechs Stellen berichten uns die Evangelien, dass Jesus große Menschenmengen mit den nötigen Lebensmitteln versorgt habe: Mt 14,13-21; 15,32-39; Mk 6,31-44; 8,1-10; Lk 9,10-17; Joh 6,1-13. So wenig wir historisch rekonstruieren können, was damals geschah, so eindeutig ist die Erinnerung daran und das Zeugnis dafür, dass Menschen durch Jesus Lebensnotwendiges empfangen haben. Ich möchte Ihnen die johanneische Fassung tiefer erschließen, da sie durch die an die Wundergeschichte angeschlossene Rede Jesu zeigt, welches das wahre Lebensmittel, das Mittel zum wahren, ewigen Leben ist.

Wie die synoptischen Evangelien lokalisiert Johannes das Geschehen am See Genezareth, den er nach dem Gebiet, in dem er liegt, »See von Galiläa« oder nach der größten Stadt an seinen Ufern »See von Tiberias« nennt. Eine große Menschenmenge hatte sich um Jesus geschart, um ihn zu hören und von Krankheiten geheilt zu werden. Die Menschen interessierten sich wohl deshalb so sehr für Jesus, weil sie spürten, wie sehr er an ihnen interessiert war. Dabei geht es ihm nicht nur um spirituelle oder jenseitige Wirklichkeiten. Er nimmt die Menschen in ihrer leiblichen Not wahr, in ihren Krankheiten und auch mit ihrem Hunger. Er macht seine Schüler aufmerksam auf das Problem, dass die vielen, die ihm aus Faszination gefolgt waren, nichts zu essen haben. Er provoziert Philippus zuzugeben, dass das Problem unlösbar ist: Selbst Brot für zweihundert Denare würde nicht ausreichen, um die vielen Menschen zu sättigen – wenn man denn das Geld hätte und eine Möglichkeit zum Einkauf bestünde! Und der Hinweis auf einen kleinen Jungen, der fünf Brote und zwei Fische hat, zeigt nur umso mehr die Diskrepanz auf: »doch was ist das für so viele!« (Joh 6,9) Und hier setzt nun das Wunder an. Die Jünger haben nicht darüber diskutiert, ob es nicht besser wäre, die fünf Brote und die zwei Fische selbst zu essen, damit wenigstens sie satt werden, wenn es schon für die vielen nicht reicht. Sie vertrauen das Wenige Jesus an. Er tut jetzt nichts Spektakuläres. Er spricht das Dankgebet und lässt austeilen. Und erstaunlicherweise reicht es für alle, ja – so betonen alle Brotvermehrungsgeschichten – es bleibt noch mehr als genug übrig: zwölf (die Zahl der Fülle) Körbe voll!

In der Begegnung mit Jesus haben Menschen erfahren und bezeugen es noch nach Jahrzehnten: Wo wir das Wenige, das wir besitzen, Jesus anvertrauen und miteinander teilen, da reicht es für alle! Das ist keine alte oder veraltete Geschichte! Das ist Realität in unserer Welt, in welcher sich viele Sorgen machen, wie eine ständig wachsende Menschheit künftig zu ernähren sein wird. Auf der Website des Bundesministeriums für wirtschaftliche Zusammenarbeit und Entwicklung (www.bmz.de) können Sie lesen: »Das Ziel der Agenda 2030, den Hunger zu beenden, und die G7-Beschlüsse von Elmau, 500 Millionen Menschen bis zum Jahr 2030 aus Hunger und Mangelernährung zu befreien, lassen sich erreichen. … eine Welt ohne Hunger ist möglich! Jede und jeder von uns kann helfen, eine solche Welt aufzubauen – als Einzelne/r, als Konsument oder durch Engagement in Politik, Wirtschaft, Wissenschaft, Kirchen und Zivilgesellschaft.« An jeder und jedem von uns liegt es also, daran mitzuwirken, dass alle Menschen auf dieser Erde die nötigen Lebensmittel für jeden Tag bekommen. Die Einladung Jesu und sein Geist können uns helfen, nicht ängstlich festzuhalten, was wir meinen für uns selbst zu brauchen, sondern unsere materiellen und geistigen Mittel einzusetzen für eine menschenwürdige Welt.

II. Lebensmittel als Zeichen

Durch Jesus haben seine Zeitgenossen erfahren, dass es möglich ist, eine große Menschenmenge zu sättigen, auch wenn am Anfang der Mangel und erst am Ende die Menge steht. Voll Begeisterung wollen sie ihn zu ihrem König machen. Das wäre doch praktisch, wenn sie einen Herrscher hätten, der ihnen gibt, was sie brauchen! Im Unterschied aber zu den Mächtigen, die durch Brot und Spiele die Massen befriedigen und sich dadurch gefügig machen, nutzt Jesus die Situation nicht für sich aus, sondern zieht sich zurück. Als die Leute ihn am nächsten Tag am anderen Ufer des Sees finden, trifft er eine merkwürdige Unterscheidung: »Ihr sucht mich nicht, weil ihr Zeichen gesehen habt, sondern weil ihr von den Broten gegessen habt und satt geworden seid.« (Joh 6,26) So wichtig Lebensmittel sind, um das physische Überleben zu sichern: um wirklich menschlich leben zu können, braucht der Mensch mehr als die Zufuhr von Kalorien. Es genügt dem Menschen nicht, Brot zu essen und satt zu werden – so wichtig das für den Hungernden auch ist. Jesus lädt ein: »Müht euch nicht ab für die Speise, die verdirbt, sondern für die Speise, die für das ewige Leben bleibt und die der Menschensohn euch geben wird.« (Joh 6,27) Speisen sind verderblich, und auch nach dem üppigsten Mahl wird man irgendwann wieder hungrig. Die gesündesten Lebensmittel ermöglichen kein unbegrenztes Leben. Selbst die köstlichsten Speisen vermögen nicht jene Fülle des Glücks zu bringen, nach dem jeder Mensch sich sehnt.

Weil aber Lebensmittel entscheidende Mittel zum Leben sind, werden sie zu Zeichen jener Dimensionen menschlichen Lebens, die über die leibliche Existenz hinausgehen. Im Johannesevangelium bekommen sie eine Mehrdimensionalität, werden sie zu Zeichen.

Da kommt Jesus in der Mittagshitze zum Jakobsbrunnen und bittet eine Frau, die aus ihrem Dorf zum Wasserholen an den Brunnen gekommen ist, um Wasser (Joh 4,6 f.). Dann ergibt sich ein Gespräch, in dessen Verlauf der dürstende Jesus dieser Frau seinerseits »lebendiges Wasser« anbietet – ein Wasser, nach dessen Genuss man nicht wieder durstig wird, das nicht nur für den Moment Lebensfunktionen aufrechterhält, sondern ewiges Leben schenkt (Joh 4,10.13 f.). Nicht das Wasser aus einer Quelle oder einer Zisterne vermag solches Leben zu schenken. Dieses »lebendige« Wasser ist Jesus selbst.

Da ist bei einer Hochzeit der Wein ausgegangen. Trotz der Bitte seiner Mutter zaubert Jesus keinen Wein herbei, sondern trägt den Dienern der Hochzeitsgesellschaft auf: »Füllt die Krüge mit Wasser!« (Joh 2,7) Wie bei der Brotvermehrung geschieht das Wunder nicht dadurch, dass Jesus als Wundertäter Spektakuläres tut, sondern indem die Diener nach Jesu Wort handeln, so unsinnig es für sie auch geklungen haben mag. Indem sie es tun und hunderte von Litern Wasser herbeischleppen, geschieht das Wunder, und aus Wasser wird Wein. Aber nicht dieser Wein, den die Hochzeitsgäste nun in feucht-fröhlicher Feier trinken können, ist das Lebensmittel, um das es in dieser Geschichte geht. Die »johanneische Weinregel«, wonach jeder zuerst den guten Wein vorsetzt, und erst, wenn die Gäste zu viel getrunken haben, den weniger guten (Joh 2,10), gab es in der Antike nicht. Wenn Jesus es umgekehrt macht, ist das ein Hinweis darauf, dass mit dem köstlichen Wein, den er in außerordentlicher Fülle gibt, seine vollendete Offenbarung Gottes gemeint ist. Deshalb steht am Ende der Geschichte kein außergewöhnliches Trinkgelage, sondern die Feststellung: »Er offenbarte seine Herrlichkeit, und seine Jünger glaubten an ihn.« Auch hier ist der Geber selbst die entscheidende Gabe. Nicht Wein aus Trauben ermöglicht dauerhafte Freude, sondern die Liebe Gottes, der sich in Jesus uns hingibt.

Ähnlich ist es nun auch bei der wunderbaren Brotvermehrung. Das Brot als Lebensmittel, das Jesus den Hungernden gibt, wird zum Zeichen für den, der selbst Mittel ist zu einem Leben, das unsere physische Existenz weit überschreitet und all unsere Sehnsucht (unseren »Hunger« und »Durst«) stillt. Im Klartext sagt der johanneische Jesus: »Ich bin das Brot des Lebens; wer zu mir kommt, wird nie mehr hungern, und wer an mich glaubt, wird nie mehr Durst haben.« (Joh 6,35) Was bedeutet das? Und wie kann eine Person »Lebensmittel« sein?

III. Jesus Christus als »Lebensmittel«

Wenn ein Nichtchrist den Schluss der Brotrede in Joh 6 liest, kann er sich wohl nur mit Grausen abwenden! Da steht: »Jesus sagte zu ihnen: Amen, amen, das sage ich euch: Wenn ihr das Fleisch des Menschensohnes nicht esst und sein Blut nicht trinkt, habt ihr das Leben nicht in euch. Wer mein Fleisch isst und mein Blut trinkt, hat das ewige Leben, und ich werde ihn auferwecken am Letzten Tag. Denn mein Fleisch ist wirklich eine Speise, und mein Blut ist wirklich ein Trank. Wer mein Fleisch isst und mein Blut trinkt, der bleibt in mir, und ich bleibe in ihm.« (Joh 6,53-56) Wird da zum Kannibalismus aufgerufen, dazu, das Fleisch eines Menschen zu essen und sein Blut zu trinken? Dafür spricht, dass extra betont wird: »Mein Fleisch ist wirklich eine Speise, und mein Blut ist wirklich ein Trank.« Das griechische Verbum, das hier mit »essen« übersetzt wird, kann auch »zerkauen« bedeuten. Schon zur Zeit Jesu sind die Reaktionen heftig. Die Juden streiten untereinander, wie die Rede Jesu zu verstehen sei, und fragen: »Wie kann er uns sein Fleisch zu essen geben?« (Joh 6,52) Und am Schluss sagen viele seiner Jünger: »Was er sagt, ist unerträglich. Wer kann das anhören?« (Joh 6,60). Viele ziehen sich zurück und kündigen ihm die Gefolgschaft auf (Joh 6,66).

Die höchst missverständlichen Worte Jesu führen zu Auseinandersetzungen, zu Spaltung. Wer sich an den Wortsinn hält, muss sich distanzieren. Nur wer die Sondersprache der glaubenden Gemeinde versteht, kann positiv damit etwas anfangen. Sondersprachen gibt es auch heute: Das »Blatt«, von dem Kartenspieler sprechen, hängt nicht an einem Baum. Die »Strecke«, vor der Jäger nach ihrer Jagd stehen, hat nichts mit einer örtlichen Distanz zu tun. Ein Ball wird nur in Fußballreportagen als »die Kugel« oder »das Leder« bezeichnet. In der Gemeinde des Johannes hatte sich eine Sondersprache herausgebildet, die nur Eingeweihten verständlich war und bei Außenstehenden regelmäßig zu Missverständnissen führte. So fragt der Pharisäer Nikodemus: »Wie kann ein Mensch, der schon alt ist, geboren werden? Er kann doch nicht in den Schoß seiner Mutter zurückkehren und ein zweites Mal geboren werden?« (Joh 3,4) Mit »von neuem geboren werden« hatte Jesus aber keine zweite menschliche Geburt gemeint, sondern die Teilhabe am göttlichen Leben durch den Heiligen Geist (Joh 3,3.5 f.).

Was also ist gemeint, wenn vom Essen des Fleisches und vom Trinken des Blutes des Menschensohnes, also Jesu Christi, gesprochen wird? Im Zentrum des Lebens der

Christen steht von Anfang an, dass sie sich zu einem ganz besonderen Mahl versammeln. Sie tun das, weil Jesus ihnen das am Abend vor seinem gewaltsamen Tod aufgetragen hat. Dadurch lassen sie gegenwärtig werden, was Jesus damals getan hat. Er nahm das Brot und sagte: »Nehmt, das ist mein Leib.« Dann reichte er ihnen den Kelch mit Wein und sagte: »Das ist mein Blut, das Blut des Bundes, das für viele vergossen wird.« (vgl. Mk 14,22-24) Im Johannesevangelium werden diese Worte beim Bericht über das letzte Abendmahl Jesu mit seinen Jüngern nicht erwähnt. Es gilt aber als sicher, dass sie auch in der johanneischen Gemeinde bekannt waren und bei der Feier des Herrenmahles gesprochen wurden. Der Schluss der Brotrede Joh 6 ist anders nicht verstehbar. Indem Jesus seinen Jüngern vor seiner Hingabe am Kreuz Brot und Wein reicht und diese Lebensmittel zu Zeichen für seinen Leib und sein Blut erklärt, ermöglicht er ihnen die Teilhabe an dieser »Liebe bis zur Vollendung« (Joh 13,1). Wie die Lebensmittel durch Essen in den Körper eines Menschen eintreten und ihm neue Lebenskraft zuführen, so kommt der Sohn Gottes durch die sakramentalen Zeichen von Brot und Wein in den Glaubenden hinein, verbindet er sich mit ihm und schenkt ihm Anteil an seinem unzerstörbaren göttlichen Leben. So spirituell das Johannesevangelium ist (vgl. 6,63: »Der Geist ist es, der lebendig macht; das Fleisch nützt nichts. Die Worte, die ich zu euch gesprochen habe, sind Geist und sind Leben.«), so sehr legt es Wert darauf, dass der Glaube sich nicht in abstrakten Spekulationen verliert. Nicht irgendwelche frommen Gedanken eröffnen den Zugang zum ewigen Leben, sondern die reale Teilnahme an dem Mahl, in welchem Jesus Christus unter den Gestalten von Brot und Wein in das Leben der Glaubenden eintritt.

IV. Lebensmittel – für welches Leben?

Wir essen Lebensmittel, um leben zu können, um uns die nötige Lebensenergie zuzuführen. Wahrhaft menschliches Leben übersteigt aber die physische Existenz, braucht mehr als den reibungslosen Ablauf der Körperfunktionen. »Der Mensch lebt nicht nur von Brot!« (Mt 4,4) Schon sehr grundlegend kommen zu den physiologischen Grundbedürfnissen die sozialen. Sinnvolles menschliches Leben verlangt nach geglückten Beziehungen, nach Liebe. Jesus kann sich als das wahre Brot des Lebens bezeichnen, weil er der Sohn des Gottes ist, welcher die Liebe selbst ist. Jesus ist das Brot des Lebens, indem er nicht nur für den Augenblick den leiblichen Hunger stillt, sondern sich selbst und damit die Liebe Gottes unwiderruflich dem Menschen schenkt, der sich glaubend auf ihn einlässt und an seinem Mahl teilnimmt.

Jesus bezeichnet sich als Brot, als das grundlegende Lebensmittel, weil er das »Mittel« ist, um über das physische, vielfach begrenzte und letztlich mit dem Tod endende Leben hinaus Leben zu eröffnen. »Ewiges Leben« meint nicht nur ein endloses Leben, eine Fortsetzung des menschlichen Lebens auf einer höheren Stufe. Ewiges Leben meint Leben in Fülle, ein Leben, das diesen Namen wirklich verdient dadurch, dass es ein von Sinn und vor allem von Liebe erfülltes Leben ist. In seinen Abschiedsreden definiert Jesus dieses Leben: »Das ist das ewige Leben: dich, den einzigen wahren Gott, zu erkennen und Jesus Christus, den du gesandt hast.« (Joh 17,3) Ewiges Leben besteht demnach in der Erkenntnis Gottes. Im hebräischen Denken sind aber Erkennen und Lieben eins (»Adam erkannte Eva, seine Frau; sie wurde schwanger und gebar Kain.« Gen 4,1). In dem Maß, als ein Mensch Gottes Liebe erfährt, hat er Anteil an dessen göttlicher Lebensfülle: vielfach begrenzt in diesem irdischen Leben, unbegrenzt nach dem Tod, mit dem alle Hindernisse entfallen.

Die wunderbare Brotvermehrung und die anschließende Brotrede in Joh 6 zeigen: Jesus nimmt die Sorge der Menschen um die Versorgung mit den nötigen Lebensmitteln ernst. Im Wissen darum, dass zu einem wahrhaft menschlichen Leben mehr gehört als die physische Existenz, bietet er sich selbst und damit die liebende Hingabe Gottes als »Brot des Lebens« an, das unserem Leben Kraft gibt während unserer irdischen Lebenszeit und über den Tod hinaus.

Dr. Bernhard Ehler

Vita Dr. Bernhard Ehler

Geboren in Augsburg, wurde er nach seinem Theologiestudium in Augsburg und Freiburg i. Br. 1977 zum Priester geweiht.

Nach der Kaplanszeit wurde er wissenschaftlicher Mitarbeiter an der Kath.-Theol. Fakultät der Universität Augsburg und promovierte im Fach Neues Testament.

Von 1984 bis 1989 war er Pfarrer und Priesterseelsorger, anschließend bis 2003 in der Priesterausbildung tätig.

Mit einer Zusatzausbildung in Geistlicher Begleitung und Exerzitienbegleitung übernahm er die Leitung des Diözesan-Exerzitienhauses in Leitershofen bei Augsburg.

Über viele Jahre war er Sprecher des Priesterrats der Diözese Augsburg und Beauftragter der Diözese Augsburg für den öffentlich-rechtlichen Rundfunk.

Seit 2012 ist er Pfarrer der Pfarrei St. Lorenz und Leiter der City-Seelsorge Kempten sowie Dekan des Dekanats Kempten.

Gregor Maria Hanke OSB – Die Frage nach der richtigen Ernährung im Christentum

In den letzten Jahren ist klar ein Trend hin zu einem bedachteren Umgang mit Lebensmitteln und zu einer bewussteren Ernährung zu beobachten. Neben einer fleischfreien Ernährung findet sogar ein vollständig veganer Lebensstil, der gänzlich auf tierische Produkte verzichten will, mehr und mehr Anhänger. Dies geschieht manchmal mit Rücksicht auf das Leiden der Tiere und als Reaktion auf die verbreitete Massentierhaltung, in anderen Fällen ist es auch nur eine kurzzeitige Lifestyle-Entscheidung. Wie stellt sich nun die Bibel zur gesunden Ernährung und was sagt die Heilige Schrift zur Qualität unserer Lebensmittel?

Erster Schöpfungsbericht: Pflanzen als Nahrung des Menschen

Der erste Schöpfungsbericht schildert, wie Gott zunächst die Welt erschafft, sie mit Pflanzen und Tieren bevölkert und zuletzt dem Menschen anvertraut. An ihn gewandt heißt es dort ausdrücklich: »*Hiermit übergebe ich euch alle Pflanzen auf der ganzen Erde, die Samen tragen, und alle Bäume mit samenhaltigen Früchten. Euch sollen sie zur Nahrung dienen.*« (Gen 1,29) Da auch in den folgenden Versen tatsächlich nicht davon die Rede ist, dass Tiere den Speiseplan des Menschen zusätzlich ergänzen könnten, ist diese Aussage gerne als Beweis dafür herangezogen worden, dass eine rein vegetarische Ernährung dem Willen Gottes entspricht. Nicht völlig zu Unrecht, wenn man nur die paradiesische Existenz des Menschen vor dem Sündenfall betrachtet, die auch in der Prophetie Jesajas noch nachhallt: »*Dann wohnt der Wolf beim Lamm, der Panther liegt beim Böcklein. Kalb und Löwe weiden zusammen, ein kleiner Knabe kann sie hüten. Kuh und Bärin freunden sich an, ihre Jungen liegen beieinander. Der Löwe frisst Stroh wie das Rind.*« (Jes 11,6f. vgl. Jes 65,25)

Nach Sündenfall und Sintflut

Nach dem Sündenfall allerdings ändern sich die Verhältnisse: während der spätere Brudermörder Kain Ackerbau betreibt, züchtet sein Bruder Abel Schafe und bringt »*von den Erstlingen seiner Herde und ihrem Fett*« (Gen 4,4) ein Gott wohlgefälliges Brandopfer dar. Nach der Sintflut, die neben den Tieren in der Arche nur Noah und seine Familie überleben, ändert sich auch die Nahrungszuweisung Gottes an den Menschen. In einer bewusst parallel zum ersten Schöpfungsbericht gestalteten Rede heißt es nun: »*Alles, was sich regt und lebt, soll euch zur Nahrung dienen. Das alles übergebe ich euch wie die grünen Pflanzen.*« (Gen 9,3) Mit diesem Vers gehören jetzt auch die Tiere ausdrücklich zum biblischen Speiseplan des Menschen.

Buch Daniel: Nur Gemüse und Wasser

Im ersten Kapitel des Buches Daniel spielt die vegetarische Ernährung noch ein letztes Mal eine bedeutende Rolle im Alten Testament. Daniel und seine Gefährten verabreden mit dem Oberkämmerer des babylonischen Königs, dass sie statt der eigentlich für sie vorgesehenen üppigen Speisen von der königlichen Tafel nebst dem zugehörigen Wein nur

Wasser und Gemüse zu sich nehmen. Trotzdem, so überliefert das Buch Daniel, waren sie gesünder und wohlgenährter als diejenigen, die die Speisen des Königs aßen (vgl. Dan 1,8-16). Obwohl hier ausdrücklich davon die Rede ist, dass sie nur »*Gemüse ... essen und Wasser ... trinken*« (Dan 1,12) wollten, geht es Daniel nicht allgemein um eine gesunde Ernährung, sondern darum, die jüdischen Speisevorschriften zu beachten (vgl. Dan 1,8). Durch den vollständigen Verzicht auf Fleisch und Wein entgehen er und seine Gefährten der Gefahr, möglicherweise Nahrung zu sich zu nehmen, die nicht den jüdischen Reinheitsvorschriften entspricht.[1]

Speisevorschriften: Fleisch, Milch und pflanzliche Nahrung

Eine vegetarische oder sogar vegane Ernährung ist also von der Heiligen Schrift weder allgemein vorgeschrieben, noch spielt sie, von wenigen Einzelfällen abgesehen, überhaupt eine Rolle in der Bibel. Vorausgesetzt wird vielmehr eine Ernährung, in der Fleisch, Milch, Eier und Fisch ebenso selbstverständlich vorkommen wie Früchte, Getreide und Gemüse. Zwar kennt das Alte Testament und damit auch das heutige orthodoxe Judentum umfangreiche Speisevorschriften, wie etwa das Verbot von Schweinefleisch und den Genuss von Blut oder die Vorschrift, Milch und Fleisch nicht gemeinsam zuzubereiten. Grund dafür allerdings ist auch hier nicht der Wunsch nach einer gesunden und ausgewogenen Ernährung im modernen Sinne, sondern schlicht

---

1 Vgl. Shai Lavi, Art. Kashrut, in: EJGK 3 (Stuttgart / Weimar 2012), 330-333; Günter Stemberger, Art. Speisegebote II. Altes Testament u. Judentum, in: LThK[3] 9 (Freiburg 2009), 827f.

die Orientierung an den jüdischen Reinheitsgeboten.[2] Das Christentum hat sich hingegen aufgrund der in der Apostelgeschichte überlieferten Vision des Apostels Petrus (vgl. Apg 10,9-16) im nachfolgenden Apostelkonzil von allgemeinen Speisevorschriften grundsätzlich verabschiedet (vgl. Apg 15,6-29). Lediglich für eine Übergangszeit sollten auch Gläubige, die ursprünglich aus dem Heidentum stammten und keinerlei Speisevorschriften kannten, mit Rücksicht auf die Judenchristen auf »*Götzenopferfleisch, Blut [und] Ersticktes*« (Apg 15,29) verzichten.[3]

Pragmatischer Ansatz des Christentums

Das Christentum wählt in Bezug auf die Nahrungsmittel also einen pragmatischen Ansatz: weil »*das, was von außen in den Menschen hineinkommt, ihn nicht unrein machen kann*« (Mk 7,18), die Wahl der Nahrungsmittel also keine Bedeutung für das ewige Heil des Menschen hat, sind grundsätzlich alle Speisen erlaubt. Die Kirche überlässt es der menschlichen Vernunft, zu entscheiden, welche Nahrungsmittel man zu sich nimmt und welche man meidet.[4] Wegen des Bezugs zur paradiesischen Existenz des Menschen, die dem ersten Schöpfungsbericht folgend als fleischlose Zeit galt, wurde im frühen Mönchtum wieder eine vegetarische Ernährung üblich. Die Hochschätzung des Fleischverzichts (mit gewissen Ausnahmeregelungen, etwa im Krankheitsfall) blieb bis

---

2 Vgl. ebd.
3 Vgl. Alfons Weiser, Art. Aposteldekret, in: LThK[3] 1 (Freiburg 2009), 858.
4 Vgl. Heinz Fleckenstein, Art. Ernährung, in: LThK[2] 3 (Freiburg 1959), 1035f.

ins Spätmittelalter als Unterscheidungsmerkmal im Mönchtum erhalten, wurde aber nie allgemein verbindlich.[5]

Dank heiligt die Speisen

Im 1. Timotheusbrief argumentiert der Apostel Paulus ausdrücklich gegen das religiöse Verbot mancher Speisen, »*die Gott doch dazu geschaffen hat, dass die, die zum Glauben und zur Erkenntnis der Wahrheit gelangt sind, sie mit Danksagung zu sich nehmen. Denn alles, was Gott geschaffen hat, ist gut und nichts ist verwerflich, wenn es mit Dank genossen wird; es wird geheiligt durch Gottes Wort und durch das Gebet.*« (1 Tim 4,3-5) Der Apostel spricht hier einen weiteren entscheidenden Aspekt des christlichen Verhältnisses zu Lebensmitteln an: die Dankbarkeit gegenüber dem Schöpfer, die sich im Segensgebet ausdrückt. Der Dank für die Nahrung gehört zum jüdischen Erbe des Christentums und geht auf die Aufforderung des Buches Deuteronomium zurück[6]: »*Und wenn du gegessen hast und satt bist, sollst du den HERRN, deinen Gott, loben für das gute Land, das er dir gegeben hat.*« (Dtn 8,10) Das Judentum nahm diese Aufforderung zur Dankbarkeit sehr ernst, so dass auch Festessen aus profanen Gründen aufgrund der »zahlreichen Benediktionen, die im Verlauf eines solchen […] Gastmahles zu sprechen waren, […] ein starkes religiöses Gepräge an sich«[7] trugen. Das Dankgebet

---

5 Vgl. Hubertus Lutterbach, Art. Vegetarismus, in: LThK[3] 10 (Freiburg 2009), 575f.

6 Vgl. Ismar Elbogen, Art. Birkat hamason, in: Jüdisches Lexikon 1 (Berlin 1927), 1052f.

7 Hermann L. Strack / Paul Billerbeck, Kommentar zum Neuen Testament aus Talmud und Midrasch 4: Exkurse zu einzelnen Stellen des Neuen Testaments Bd. 2 (München [9]1997), 611.

heiligt die Speisen und verleiht der Nahrung eine Würde, die uns mit den Gaben der Schöpfung achtsam umgehen lässt. Aus diesem Grund erinnert auch Papst Franziskus in seiner Umweltenzyklika *Laudato si* an die »wertvolle Gewohnheit«, »vor und nach den Mahlzeiten innezuhalten, um Gott Dank zu sagen« »für die Gaben der Schöpfung«[8].

Während auch im Bereich der Ernährung der moralische Auftrag gilt, mit der Erde achtsam umzugehen, hat die Auswahl einzelner Lebensmittel im Christentum an sich keine spirituelle Bedeutung, sondern gehört gänzlich in die Sphäre der praktischen Vernunft. Diese leitet uns natürlich dazu an, unseren Speiseplan nach Möglichkeit gesund und abwechslungsreich zu gestalten. Der Segen jenseits von Spurenelementen und Kohlenhydraten entspringt allerdings unserem respektvollen Umgang mit den Lebensmitteln und der Dankbarkeit für die guten Gaben Gottes.

Gregor Maria Hanke OSB
Bischof von Eichstätt

---

8 Laudato si 227.

Vita Bischof Gregor Maria Hanke OSB

Geboren 1954 in Elbersroth, trat er 1981 als Benediktiner-mönch in die Abtei Plankstetten ein und wurde dort 1983 zum Priester geweiht.

1993 wählte ihn der Konvent zum Abt des Klosters.

Ab 1994 begann er zusammen mit seinen Mitbrüdern, das Kloster und seine Betriebe auf eine ökologische Wirtschaftsweise umzustellen.

2006 ernannte ihn Papst Benedikt XVI. zum Bischof von Eichstätt.

Bertolt Hellebrand – Wandlungsstufen des Elementes Wasser im Wirken Christi[9]

[DAS WASSER, AUF DEN VIER ELEMENTARISCHEN STUFEN BETRACHTET]

Das Wasser spielt insbesondere im Johannesevangelium eine bedeutsame Rolle, beginnend mit der Jordantaufe bis hin zur Fußwaschung. Zudem eröffnet sich bei der Hochzeit zu Kana mit der Wandlung *des Wassers zu Wein ein weiterer Weg, der hier betrachtet werden soll.*

Das Wasser als Substanz und das Element des Wässrigen[10]

Wir ahnen heute kaum, was den Griechen vorschwebte, wenn sie vom Wasser als Element sprachen. Vielleicht kommen wir diesem Erleben des Elementes aber nahe, wenn wir verschiedene Phänomene des Wassers betrachten: Schon unsere allererste leibliche Existenz schwebt schwerelos getragen im Fruchtwasser in einem paradiesischen Zustand. Wasser trägt uns im Bade und reinigt uns von Schmutz, den es davonträgt. Selbst riesige Schiffe werden getragen. Es möchte immer eine möglichst kleine Oberfläche umspannen und läuft deshalb gerne zu Tropfen zusammen. Das

---

9 Dieser Artikel wurde in der Zeitschrift DIE CHRISTENGEMEINSCHAFT im Juni 2008 erstmals veröffentlicht.

10 Um die substanziellen Erscheinungen von Wasser, Erde, Luft von den Begriffen der altgriechischen Naturphilosophie besser zu unterscheiden, seien diese *Elemente* im Folgenden das *Wässrige, Erdige, Luftige, Feurige* genannt.

gilt auch erdenweit: Indem alles Wasser zum Meere strömt, läuft es auf eine Vervollkommnung zum Wassertropfen Erde hinaus. So finden wir das Wasser als ein zur Tropfenform strebendes Substanzhaftes, das dabei selbstloser Träger für anderes sein kann.

Strömen, Wogen und Mäandern ist charakteristisch für das Wasser. Selbst innerhalb des Tropfens bleibt das Wasser in beständiger Bewegung. Eine seiner großartigsten Erscheinungsformen ist aber der Wasserfall: Bei eingehender Betrachtung erkennen wir in den flutenden Wasserschwaden, in den strömenden Wasserwellen, in den gischtenden Wolken und stäubenden Nebeln, wie das Wasser nicht nur ein Materielles, sondern auch ein Strömendes ist. Ähnlich ist in den stehenden Wellen schneller Strömungen zu beobachten, wie eine beständige Form von ständig wechselnder Substanz durchströmt wird. Das Strömen als *Vorgang* kann immer deutlicher werden und den Eindruck des *Substanzhaften* des Wassers allmählich überwiegen.

Auch in allen Lebewesen ist das Wasser der Träger des Lebendigen: Die Pflanze lebt nur im Durchströmtwerden durch das mit der Wurzel aufgenommene Wasser als Teil des großen Wasserkreislaufes; in Tier und Mensch hingegen schließen sich die Kreisläufe der Körpersäfte in sich ab.

Wir haben also das Wasser in einer doppelten Qualität beschrieben: Es kann Träger eines Höheren werden, in Bezug auf das Strömende ist es Ausdruck des Lebendigen schlechthin. Wasser als Substanz gehört aber im Sinne der altgriechischen Elementarlehre doch noch dem »*Erdigen*« an. Wir werden das *Element* des *Wässrigen* erst dann richtig denken und begreifen, wenn wir es in seiner am Wasser erscheinenden strömenden *Prozessualität*, als einen Vorgang in der *Zeit*, ja als etwas *Lebendiges* verstehen.

»Neu geboren aus Wasser und dem Lufthauch des Geistes«

»Amen Amen, ich sage dir: Wenn einer nicht neu geboren wird aus Wasser und wehendem Geist, kann er nicht hineingelangen in das Reich Gottes« (Joh 3,5).

Dem, der Zugang zum Gottesreich erstrebt, wird die Bereitschaft zur Neugeburt seines Wesens abverlangt (vgl. Joh 3,5), und das nicht nur aus dem *Wasser*, sondern auch dem *Geisthauch der Luft*[11] heraus. Dies mag bedeuten, sich in seinem Denken und Erkennen nicht nur auf die angedeutete Lebendigkeit des Wassers, sondern auch auf die Eigenwilligkeit des Geistes, der wie »der Wind weht, wo er will«[12], einzulassen.

Auch Johannes der Täufer macht Ähnliches deutlich: »Ich bin es, der euch in *Wasser* tauft, euren Sinn zu wandeln[13]. Der nach mir Kommende wird euch in heiligem *Geist(wind)* und in *Feuer* taufen« (Mt 3,11). Es liegt nahe, dass wir diese Erwähnungen nicht substanziell, sondern eher qualitativ und symbolisch im elementarischen Sinne verstehen dürfen.

Die Taufe des Johannes in Wasser soll unseren Sinn, un-

---

11 Das griechische πνευμα (*pneuma*) kann auf Deutsch vielerlei *Luftiges* bedeuten: Hauch, Wehen, Wind, Klang, Atem, Atmen, Leben, Seele, Geist, Gesinnung, Engel, Heiliger Geist, Geistesgaben (laut: *Langenscheidts Taschenwörterbuch Altgriechisch* von MENGE, SCHÄFER, ZIMMERMANN [1986]).

12 Joh 3,8; beide gebräuchlichen Übersetzungen *Geist* und *Wind* sind also zutreffend (siehe Fußnote 3), wurden wohl von den früheren Lesern auch *beide gleichzeitig* erlebt!

13 In der von Johannes dem Täufer für die Getauften angestrebten metανοια (Metanoia) steckt neben der Vorsilbe Meta- der menschliche Verstand, Sinn, Geist (νους – nous). Metanoia könnte sogar zeitgemäß als »nach-Denken« übertragen werden.

sere Einstellung, also auch unser Denken verwandeln. Zum *Wässrigen* kommt der *Geistwind* (das *Luftige*) und als Drittes das *Feuer*-Element hinzu. Für den griechischen Evangelienleser klangen also *die Elemente Wasser – Luft – Feuer als Stufen der Erhöhung des (sterblichen) Erde-Menschen* an. Auch im Verfolgen des oben angedeuteten Weges wird es nicht genügen, das Denken dem Wässrigen gemäß zu verlebendigen. Das kann für uns ein Hinweis sein, nicht nur auf die Qualitäten des Wässrigen, sondern auch des Luftigen und des Feurigen hinzuschauen.

Welche Sinneswandlung Johannes wohl bewirken wollte, um weitere Wandlungsschritte durch Geist- und Feuertaufe vorzubereiten, kann uns die Hochzeit zu Kana als eine besondere Begebenheit im Leben Christi zeigen: Diese steht als »erste Zeichentat« wie ein Prototyp des Handelns Christi am Beginn des Johannesevangeliums (2,1–11).

Die Hochzeit von Kana: Wandlung von Wasser zu Wein – ein »Geschenk« Jesu Christi

Was macht eigentlich aus einem äußeren Gegenstand ein Geschenk? Wieso sind uns manche geschenkten Dinge wertvoller als ihr materieller Wert oder geben uns sogar eine Kraft, die uns im Innersten bestärken kann? Es hat sich etwas mit dem äußerlich unveränderten Gegenstand verbunden, indem wir ihn geschenkt bekommen haben: Die Intention des Schenkenden *und* die Annahmebereitschaft seitens des Beschenkten machen daraus etwas Einzigartiges. Der äußere Gegenstand wird zum Träger, zum Gefäß, in das etwas hinein-geschenkt werden kann, das Ganze ist zum »Ge-schenk« geworden.

Die Mutter Jesu bemerkt bei der Hochzeit zu Kana, dass

der Wein zur Neige geht, und macht ihren Sohn darauf aufmerksam. Er antwortet mit der schwer übersetzbaren griechischen Wendung: »Was mir und dir, o Frau?«, und setzt hinzu, dass seine Stunde noch nicht gekommen sei. Trotzdem beginnt er in ihrem Sinne zu handeln und gibt den Dienern die Anweisung, die dem Reinigungsritus bestimmten Wasserkrüge mit Wasser zu füllen. Davon sollen sie wiederum dem Leiter des Festmahles zu kosten geben. Wenn wir dieses Geschehnis nicht nur äußerlich oder aber göttlich-magisch verstehen wollen, müssen wir uns selbst in Bewegung versetzen: Handelt es sich um eine gewöhnliche Hochzeit?

Im Saft der reifen Weinbeeren kommt der wässrige Saftstrom der Pflanze zur Ruhe und zur höchsten Vollendung. In der Frucht umgibt dieser Saft in seiner konzentrierten Süße den Keim für das neue Leben, zum Verzehr lockend. Dieser Saft ist aber nicht ewig haltbar, sondern neigt bald zur Zersetzung, wobei der entstehende Alkohol Haltbarkeit schafft. Aber die Wirkung auf den Menschen wird gerade durch den Alkohol zweischneidig: In vorchristlichen Kulten (z. B. Dionysos) mag der Wein eine Vereinigung mit dem Göttlich-Geistigen in einer durch den Alkohol bewirkten Ekstase erleichtert haben: eine ältere Form der »Hochzeit«[14].

Wir können das Zuendegehen des (alten) Weines auf der Hochzeit zu Kana als einen Hinweis auf das Erschöpftsein dieser Möglichkeit anschauen. Anstelle dessen wird im moderneren Christentum die Begegnung mit Gott im vollen Wachbewusstsein erstrebt. Demgemäß wird eine der Rein-

---

14 Sowohl im Verzehren des Saftes der Weinbeere, aber auch in der rituellen Vereinigung mit dem Göttlichen, schließlich auch in der christlichen Kommunion können wir immer wieder das Hochzeitsmotiv erblicken.

heit des Wassers entsprechende (und mithin das Bewusstsein nicht trübende) Qualität des Weines für das kultische Hochzeitsmahl benötigt und von Christus vorbereitet.

Obwohl der Leiter des Festmahles nichts von der Einwirkung Jesu Christi weiß, kann er doch in dem (wieder wörtlich übersetzt:) »Wasser, dem Wein gewordenen« den »guten Wein« erkennen. Könnte er ein Mensch gewesen sein, der in der Lage war, die Verwandlung des Wassers zu einem »Geschenk« zu erkennen: nämlich Wasser als Gefäß, das die Wein-Qualität durch Christus als Ein-geschenktes enthält (»Wasser, das Wein gewordene«)? Wie ein Priester, der bemerkt, dass die Zeit eines neuen Kultus anbricht, bereitet durch den Christus selbst. (Welche Rolle hierbei das Seelenwesen der Maria spielt, kann hier nicht ausgeführt werden.)[15]

Die Wandlung von Wein zu Blut beim Abendmahl

Der in Kana vorbereitete neue »gute Wein« kann nun am Ende der Christus-Wirksamkeit einer weiteren Verwandlung unterzogen werden. Christus reicht seinen Jüngern beim letzten Abendmahl am Gründonnerstag den Kelch mit dem Saft des Weinstocks mit den Worten: »Das ist mein Blut«[16]. Im Wein wird das mineralische Wasser selbst lebendig. Der neue Wein verbindet das selbstlose Grundelement des Wassers mit der Begeisterung ermöglichenden Kraft des Weines. Auch das Abendmahlsgeschehen kann als ein Geschenk-Verwandlungsprozess angeschaut werden: Christus schenkt uns sein Blut im Gefäß dieses Weines, der reine

---

15 Vgl. Michael Debus: »Maria-Sophia«. Stuttgart 2000.
16 Mt 26,28; Mk 14,24

Wein wird zum Träger für das Blut. Auch das Abend*mahl* könnte man als eine Ver-*mähl*-ung anschauen: die Vermählung Christi mit seinen Jüngern.

Blut ist als ein »ganz besonderer Saft« in seinem Strömen der Träger unseres Lebens, aber auch – im Immunsystem – unserer (biologischen) Individualität. Indem es gerade auch den höheren Tieren eignet, scheint es auch in besonderer Weise mit dem Seelischen zu tun zu haben. Dies wird auch für unser Erleben sowohl in dem in Wallung oder ins Stocken geratenen Blut anschaulich. Es nimmt aber auch die Atem*luft* an den Lungenbläschen auf und verteilt sie im gesamten Körper.

Schließlich wird die Reinigung egoistischer Triebe mit dem Vergießen des Opferblutes des Lammes Gottes auf Golgatha in Verbindung gesehen. Das nun selbstlos werdende Blut wird zum Träger von etwas, was Christus uns als ein Weiteres schenken will. Wieder sind es die Qualitäten des Wässrigen, die hier die Wirksamkeit des Blutes in verwandelter Form tragen.

Im Zeichen des Feuers: Eine dritte Wandlung des Wassers

Jeden, der von diesem Wasser trinkt, wird wieder dürsten; wer aber von dem Wasser trinkt, das ich ihm geben werde, den wird für alle Zeit nicht mehr dürsten; sondern das Wasser, das ich ihm geben werde, wird in ihm zu einer Quelle werden, aus der Wasser quillt für das überzeitliche Leben. (Joh 4,13-14)

Um das Christusgeschehen zu verstehen, muss unser Denken zunächst lebendiger werden. Das wäre ein am *Wässri-*

gen geschultes Denken. Weiter muss es auch für das Geis-tig-*Luftige* transparenter und empfänglicher werden, denn wenn wir die im Evangelium geschilderten Vorgänge nicht auch geistig verstehen wollen, verstehen wir sie nicht wirk-lich. Aber welche Qualität des *Feurigen*, von der Johannes sprach, soll darüber hinaus noch dazukommen? Feuer selbst ist ja nicht sichtbar: Glut ist Stoffliches, also »Erdiges«, die Flammen sind Strömendes, also dem Wässrigen verwandt, das Leuchten hat etwas vom Sich-Ausdehnen des Luftele-mentes. *Feuer* ist letztlich die Kraft, die das Brennbare in Licht, Wärme, Gase und Asche *verwandelt.* Aus Holz oder Kohle wird etwas völlig anderes, Neues! Können wir gegen-über den im Evangelium geschilderten Tatsachen so »wand-lungsbereit« werden, so bereit für etwas völlig Neues, dass das Denken derselben uns möglicherweise in einen anderen, *neuen* Menschen verwandelt?

Seit Pfingsten findet eine weitere Form der Vermählung statt: Im Sakrament des Abendmahls vereinigen sich christ-liche Gemeinden mit Christi Leib und Blut.[17] Im Fließen des Blutes bei der Kreuzigung wird das Blut Christi zum selbstlosen Träger eines wiederum Höheren. In der Men-schenweihehandlung[18] wird diese dritte Verwandlung des Wässrigen so angedeutet: In seinem Blute werde vom Kreuze der Neue Glaube fließen. Dies »Geschenk« seines Blutes als Zeichen des Neuen Bundes sollen wir in unser Denken aufnehmen. Denn die Menschheitstaten Jesu Christi: Tod, Auferstehung und Offenbarung werden in unserem Denken zu leben beginnen und dieses verwandeln.

Ist unser Denken lebendig, geistoffen und wandlungsbe-

---

17 Hier wäre auch an die Menschheit als Leib Christi im Bilde des Neuen
    Jerusalem als des Lammes Braut zu denken (Apk 21).
18 So der Name des Abendmahlsgottesdienstes der Christengemeinschaft.

reit genug für einen neuen Glauben? Den Neuen Glauben, den Er in die Menschheit setzt, dass wir Sein Schöpferwerk in Seinem Sinne würdig fortführen. Und den Neuen Glauben, in dem das von Ihm Gegebene in uns zu einer Quelle wird,[19] weil er sich nicht auf einen *geworden-festen* Inhalt (»Erde«) bezieht, sondern im Sinne des Täufers *fließend-lebendig* wird, *geisthauch-offen* und letztlich *verwandlungsbereit* wie das Feuer, das das Neue hervorbringt. So kann der in Seinem Blut strömende Neue Glaube in uns zum Träger des höheren Lebens werden, in dem wir erst wahrhaft Mensch werden.

So hat uns das Wasser, als Element betrachtet, auf den Weg geführt, drei Stufen der Wandlung und einer sich dreimal vertiefenden Vermählung zu verfolgen:

- Im Zeichen des *Wässrigen* bei der Hochzeit zu Kana: der neue gute Wein,
- im Zeichen des *Geisthauches* Seines Wortes im Abendmahl: Christi Blut
- und im Zeichen des *Feurigen* in der Erneuerung des Abendmahlgeschehens: als Quelle des Neuen Glaubens.

»Wer an mich glaubt, den wird nimmermehr dürsten.« (Joh 6,35)

---

19 Joh 4,13f.

Vita Bertolt Hellebrand

Bertolt Hellebrand studierte in München (LMU) und Hamburg Biologie, Chemie und Geographie für das Gymnasial-Lehramt und absolvierte das Zweite Staatsexamen.

Fragen wie »Der Lebensbegriff in der Biologie und die ökologische Krise« (so der Titel seiner Examensarbeit) oder »Was ist der Mensch?« führten ihn an das Priesterseminar der Christengemeinschaft in Stuttgart und seit 1999 ist er als Priester der Christengemeinschaft (zurzeit in Frankfurt/Main) tätig. Außerdem ist er Dozent für Botanik am Priesterseminar in Hamburg.

Sein besonderes Interesse gilt dem Ineinanderwirken des Materiellen und des Geistigen sowohl in der Natur wie auch im Kultus sowie dem notwendigen Brückenschlag zwischen wissenschaftlichem und religiösem Denken.

Kontakt: hellebrand@christengemeinschaft.org

Pannja Sekera Himy – Ernährung aus buddhistischer Sicht

Buddha sagt: »Alle Lebewesen sind von der Ernährung abhängig und sie zeigen große Freude am Essen. Wenn man nicht isst, wird der Körper schwächer und es kann zum Tod führen.« Buddha hat viel über die Ernährung gepredigt.

Das Essen ist für den Erhalt der Organe wichtig.

Sauberes und gutes Essen erhält den Körper gesund.

Gesundes Essen heißt: Gemüse, Salat und Getreide, das bedeutetleichtes Essen. Während des Essens soll man viel Wasser trinken, hat Buddha den Gläubigen empfohlen. Er sagt auch, dass das Essen nur zum Erhalt des Körpers sein soll und nicht zum Genuss gedacht ist.

Buddha selber hat überwiegend Gemüse und Früchte und alles, was es in der Natur gibt, gegessen.

Er lebte als Bettelmönch und war zufrieden mit leichtem Essen; was er als Bettelmönch bekommen hat, teilte er mit anderen Mönchen.

Brei und Suppen hat er als besonders gesund empfohlen.

Bei solcher Ernährung bleibt der Körper gesund und schön, der Verstand wach und rege und man hat ein langes Leben.

Während der Zeit seines Lebens in Indien war die Kuh heilig. Deswegen hat man wenig Rindfleisch gegessen, aber viel Milch getrunken. Besonders hat er frische und warme Milch zu Beginn des Essens (wie einen Aperitif) empfohlen.

Säfte und Kräutertee kann man jederzeit trinken.

Beim Essen sollte man auf das richtige Maß achten und die Menge nicht übertreiben.

Buddha empfiehlt, beim Essen bewusst auf das Essen an

sich zu achten, nicht sich abzulenken durch Lachen, Reden, Schmatzen.

Obwohl es unter den Anhängern immer wieder Diskussionen zum Verzehr von Fleisch gab, hat er dazu keine Vorschriften erlassen, sondern ihnen Wahl und Menge freigestellt.

Aber er hat dazu geraten, nicht Fleisch von zu jungen und zu alten Schweinen zu essen.

Außerdem nennt er 10 verschiedene Lebewesen, von denen man kein Fleisch essen sollte: Mensch – Elefant – Pferd – Löwe – Tiger – Leopard – Hund – Schlange – Bär – Wolf.

Vom Verzehr dieser Tiere hat er abgeraten, weil dieses Fleisch für die Verdauung beim Menschen nicht förderlich ist oder vielleicht auch schädliche Gifte enthält.

Buddha hat auch feste Zeiten für das Essen empfohlen. So sollte man bei Sonnenaufgang die erste Mahlzeit als feste Nahrung einnehmen, die zweite Mahlzeit um die Mittagszeit und abends nur leichte flüssige Nahrung (Suppe, Fruchtsäfte, Tee), also keine schwere feste Nahrung.

Vita Pannja Sekera Himy

Der buddhistische Autor ist 50 Jahre alt.

Er ist Lehrer an einer Uni für buddhistische Priester in der Nähe von Colombo und ist zuständig für die Sprachen: Sanskrit, Pali und Singhala.

Der Originaltext wurde freundlicherweise von Paul Auth und Ivor VanCuylenburg übersetzt.

Prälat Prof Dr. Obiora Ike –
»LEBEN – TEILEN – UND LIEBEN«

Vorsitzender – katholische Kommission für Entwicklung
Gerechtigkeit Frieden und Caritas – Enugu Diözese, Ni-
geria
Generalvikar der Diözese Enugu (emeritus)
Professor für Sozialethik, Geschichte und Afrikanistik,
Godfrey Okoye Katholische Universität, Enugu
Vorsitzender, Club of Rome, Nigeria Chapter
Stellvertretender Direktor, Globethics.net, Geneva, Swit-
zerland

LEBENSMITTEL ALS MITTEL ZUM LEBEN AUS SICHT DES NEUEN TESTAMENTS

I. EINLEITUNG

Was das Evangelium klarmacht, ist, dass Liebe der treibende
Impuls und die Motivation für die Erschaffung der Welt ist.
Liebe ist der Grund für die Inkarnation, in der das Geheim-
nis der Geburt Jesu die Annahme von menschlichem Fleisch
durch Gott selbst ist: »Und das Wort nahm Fleisch an und
wohnte unter uns. Wir haben seine Herrlichkeit gesehen, die
Herrlichkeit des einzigen Sohnes vom Vater, voll Gnade und
Wahrheit.« (Johannes1; 14); und Liebe bleibt der wesentliche
Grund für die Rettung der Menschheit durch Jesus Chris-
tus. »Gott liebte die Welt so sehr, dass er seinen einzigen
Sohn hingab, damit jeder, der an ihn glaubt, nicht zugrunde
gehen, sondern das ewige Leben haben solle.« (Joh.3;16)

In seiner Lehre über das Leben, das Teilen und die Liebe enthält das Neue Testament passende Beispiele, Zitate, praktische Bezüge/Umsetzungen und Unterweisungen, die dem bestmöglichen Beispiel eines erfüllten Lebens entsprechen. Das ist der Rahmen und das Anliegen dieses Beitrags für das Buch-Projekt über »Lebensmittel – Mittel zum Leben« aus der Perspektive des

Neuen Testaments, das in erster Linie ein Aufruf zum LEBEN und zum TEILEN und zum gegenseitigen Lieben gegenüber der ganzen Schöpfung ist.

Dieser Beitrag befasst sich demzufolge mit dem Thema der »Mittel zum Leben« (Lebensmittel), die oft durch Essen und Trinken gefunden werden. Die Mittel zum Leben werden auch durch körperliche, geistige und spirituelle Nahrung und Übung ausgedrückt, die alle dazu beitragen, Leben zu hegen und zu pflegen – alles Leben.

Was wir Leben nennen und in der Tat die gesamte Schöpfung ist für diejenigen, die Glauben haben, das Werk des höchsten Gottes. Das Leben ist die höchste Gabe des Schöpfers an die gesamte Schöpfung. Im Johannes-Evangelium heißt es: »Durch Ihn wurde alles gemacht; und ohne Ihn wurde nichts gemacht, das gemacht wurde. In Ihm war das Leben, und das Leben war das Licht der Menschen.« (Joh.1;3-5) Was das Leben spannend und interessant macht, ist die unbegrenzte Möglichkeit für Wachstum und Entwicklung.

2. HINTERGRUND ZUM NEUEN TESTAMENT

Im ersten Teil der Bibel, der das Alte Testament heißt, geht es darum, dass der Schöpfer einen Bund oder eine Vereinbarung mit dem Menschen schloss, insbesondere mit einer kleinen Gruppe, die von Abraham ausging, mit der Maßgabe, dass er für sie als sein eigenes Volk sorgen würde, wenn sie seine Gesetze befolgen würden. Im Wesentlichen wird berichtet, dass es der Menschheit nicht gelang, ihren Teil der Vereinbarung zu halten; und als die Geschichte auf ihr Ende zugeht, wuchs da doch eine Hoffnung, dass Gott einen Retter senden würde, einen Messias, einen Christus, das ist ein »Gesalbter«, der den ursprünglichen Plan wiederherstellen würde, so dass das auserwählte Volk seines Schöpfers würdig würde.

Das Neue Testament ist eine Sammlung der Grundlagentexte des christlichen Glaubens, die aus Schriften verschiedener Art zusammengestellt und alle zwischen 50 und 100 n.Chr. verfasst wurden. Im Neuen Testament gibt es vier Evangelien, und zwar: Matthäus, Markus, Lukas und Johannes; und sie alle erzählen die Geschichte der Geburt, des Lebens, der Taten, der Lehre, des Todes und der Auferstehung von Jesus Christus. Jesus wurde in Bethlehem in Judäa zu der Zeit geboren, da der römische Kaiser Augustus befahl, im ganzen römischen Reich eine Volkszählung durchzuführen. Das Neue Testament enthält (auch) die Apostelgeschichte, in der ebenfalls einige der Taten Jesu aufgezeichnet wurden, sowie die Briefe derer, die Jesus nachfolgten, seiner Jünger. Es sind dreizehn Briefe, die von Paulus und Petrus, Jakobus und Johannes geschrieben wurden.

Das letzte Buch des Neuen Testaments ist die Offenbarung (des Johannes).

Die Apostelgeschichte wird als eine Fortsetzung des Lukas-Evangeliums gesehen mit der Himmelfahrt Jesu Christi, der Gründung der christlichen Kirche zunächst in Jerusalem, aber sich schnell ausbreitend, den Verfolgungen und der Bekehrung des Saulus zu Paulus, der den Heiden die Botschaft überbrachte, bis er Rom erreicht – als Gefangener, der seinen Prozess erwartet.

Nach den Aufzeichnungen der Bibel besaß das Römische Reich einen Ring blühender griechisch-römischer Städte, deren Ruinen noch vielerorts zu sehen sind. Zu ihnen gehörten die meisten Länder rings um das Mittelmeer, von Spanien im Westen über Frankreich, Italien, Griechenland, Kleinasien, Zypern, Palästina, Ägypten, Nordafrika und natürlich viele mitteleuropäische Länder wie Deutschland, Österreich und die anderen.

Im Römischen Reich, dem Schauplatz des Neuen Testaments, waren die Menschen in zwei eindeutige Klassen geteilt: die **Freien** und die **Sklaven**. Die Freien waren die ohne Schulden geborenen Bürger mit Vermögen und Landbesitz, Eigentum und Grund und Boden. Sie hatten zu allem freien Zugang. Sie konnten sich im Rahmen der Gesetze ihres Landes frei bewegen und ihre Meinung frei äußern. Sie behielten sich das Recht vor, Lords und Gutsbesitzer zu sein und auch menschliche »Sklaven« zu besitzen. Andererseits waren die Sklaven auch »Menschen«, aber sie hatten keine verbürgten Rechte; sie waren das Eigentum ihrer Besitzer, die sie auf dem Sklavenmarkt kauften und verkauften. Die Sklaven waren sehr verschieden und hatten alle möglichen Hautfarben. Im schlechtesten Falle wurden sie wie Haustiere gehalten. Mehr Glück hatten die Kriegsgefangenen; sie hatten dieselbe Hautfarbe und glichen ihren Besitzern, waren oft von höherer Bildung, Intelligenz und Tauglichkeit. Einige Sklaven fanden in der Landwirtschaft, in Bergwerken und in der Schwerindustrie Verwendung; die der besseren Klasse wurden in anspruchsvolleren Gewerben angestellt sowie als persönliche Diener und Bedienstete.

Das Lebensgefühl zur Zeit des Neuen Testaments war das einer Zeit der Enttäuschung. Neben der Tatsache der Sklaverei gab es das Gebiet, das Palästina heißt und damals die Heimat der Hebräer war. In Jerusalem hatten sie ihren Tempel zur Verehrung Jahwes. Der Tempel war das Zentrum jüdischen Lebens. Der ursprüngliche Tempel Salomons war von den Babyloniern zerstört worden. Nach der Rückkehr aus dem babylonischen Exil wurde er wieder aufgebaut. Die Juden waren ein sehr religiöses Volk, und sie hatten Synagogen oder Versammlungsorte, um Gott zu verehren und die Gemeinde die Heiligen Schriften zu lehren und diese zu deuten. Diese Juden bemühten sich, das Gesetz zu beachten, und sie feierten das Passahfest, aber aus ihrer Mitte entstanden Gruppierungen wie jene der Pharisäer, der Sadduzäer, der Essener und Zeloten, Rabbiner und Lehrer – und das gemeine Volk. Sie hatten ihre eigene Art, den Glauben auszudrücken, und folgten hartnäckig den Wegen ihrer Vorfahren. Einige waren gebildet, hatten ein Erwählungsbewusstsein und verachteten die Römer, die das Land als Kolonialherren besetzt hielten. Die Römer selbst behandelten die Juden, die die Autorität des Kaisers nicht länger annehmen wollten, auf brutale Weise. Zur Zeit der Geburt Christi wartete man auf Freiheit und Befreiung aus der Sklaverei und der Unterdrückung durch die Römer.

3. JESUS UND DAS NEUE TESTAMENT

Das Neue Testament umfasst im Wesentlichen die Zeitspanne, in der man Geschichten aus dem Leben und von der Lehre Jesu erzählt. Jesus selbst ist zwischen 6 und 4 vor Christus geboren, als Kaiser Augustus Herrscher war. Er ist somit eine historische Gestalt, in der Tat einer der größten Menschen auf Erden, von denen die Geschichte je berichtete. Zweitausend Jahre nach seinem Tod und seiner Auferstehung erfreut sich kein anderes menschliches Wesen ununterbrochener Gefolgschaft, zuverlässiger Glaubwürdigkeit, wissenschaftlicher Studien, eines vergleichbaren Bibliothekenbestands, missionarischen Eifers in der Verbreitung seines Namens und seiner Werke, der Strukturen und Organisationen, die sich für ihren Einsatz und ihre Glaubensausrichtung auf seine Autorität berufen. Und sein Reich und seine Herrschaft, seine geistige Ausstrahlung und Macht, die Tiefe und Inspiration seiner Lehre kennen kein Ende.

Hier ist einer, der den Status quo mit Kraft und Autorität und dem Mut seiner gesprochenen Worte in einem Ausmaß herausforderte, dass im Neuen Testament in Bezug auf Jesus folgende Worte verzeichnet sind: »Dieser Mann lehrt mit Vollmacht – nicht wie unsere Schriftgelehrten und Pharisäer.« Der Apostel Paulus, ein späterer Konvertit und Jünger Jesu, dessen Lebensgeschichte von eigener Art ist und dessen früherer Name Saul war – er war um die Zeit des Neuen Testaments ein entschiedener Verteidiger der überlieferten jüdischen Religion – schreibt über JESUS CHRISTUS: »Jedes Knie soll sich beim Namen Jesu beugen, und jede Zunge soll verkünden, dass Jesus Christus der Herr ist zur Ehre Gottes des Vaters.« (Paulus, Brief an die Philipper)

Jesus war in seinem ganzen Wesen ganz klar besonders, anders als jeder andere Mann. Und doch war er menschlich, denn er aß und sprach und schlief und weinte sogar, wie andere Menschen es taten. Die Menschen folgten ihm, weil sie seinem Aufruf zur Jüngerschaft nicht widerstehen konnten. Und doch sagte und tat er die erstaunlichsten Dinge. Durch seine Berührung heilte er die Kranken. Er weckte einige Tote auf, wie zum Beispiel Lazarus und das Kind der Witwe aus Nain. Er befahl dem Wind und den Wassern, und sie gehorchten ihm. Während seines triumphalen Einzugs in Jerusalem glaubten die Leute, dass er der irdische Messias sei, aber er enttäuschte sie alle und zog es vielmehr vor, einen schandhaften Tod am Kreuz zu sterben, vergleichbar einem gewöhnlichen Kriminellen – nach dem Komplott von Verrat und Verleugnung, wegen der Eifersucht der Älteren, Priester und solcher, die über die Menschen der damaligen Zeit Macht ausübten, des falschen Urteils und der Feigheit des Obersten Richters Pontius Pilatus und der Tatsache, dass er einfach zu hoch für sie war, als dass sie ihn hätten verstehen können.

4. LEBENSMITTEL – ESSEN UND TRINKEN IM NEUEN TESTAMENT

Die Menschen hatten in Jesus den kommenden König, den strahlenden Herrscher gesehen, der die Juden von Hunger und Sklaverei und der unliebsamen Herrschaft der römischen Macht der Zeit befreien würde. Wie die Aussagen des Neuen Testaments zeigen, sahen sie Jesus als den mutigen Lehrer, den, der den Mächtigen die Wahrheit sagte, der die falschen Propheten und die Mächtigen der Welt, wie Herodes und Pilatus, herausforderte. Aber er enttäuschte sie alle, indem er einen anderen Weg zum Leben aufzeigte, zur Lebensweise, zum Teilen, zum Lieben und zur Bedeutung der gesamten Existenz und dem wahren Sinn von »Lebensmittel«. *»Mein Königreich ist nicht von dieser Welt.« (Joh.18;36)*
Jesus erkannte den Hunger im Leben der Menschen. Im Wüstengebiet von Palästina, wo er arbeitete, war es schwierig, Nahrung anzubauen, da das Wasser begrenzt und Regenfälle selten waren. Es war schwierig, genug zu produzieren, um die Menschen in solch einem Gebiet und mit dem begrenzten technischen Wissen jener Zeit zu ernähren. Folglich verwendete Jesus in vielen Gleichnissen im Neuen Testament Bilder aus der Landwirtschaft, von Fischern, von Bauern und von Tieren, um Dinge auf den Punkt zu bringen

und einfache, aber sehr nachhaltige Botschaften zu befördern, nämlich, dass das Leben durch Teilen und Liebe gelebt wird. Dies ist die zentrale Botschaft des Neuen Testaments in Bezug auf unsere Reflexion auf diesen Seiten.

Die Nahrung ist für das Leben wichtig. Ein Beispiel wird im Neuen Testament im Zusammenhang mit einem der Ereignisse in einer Wüstengegend gegeben, nachdem Jesus lange gelehrt hatte. Er bat danach seine Jünger Essen zu kaufen und es an die Leute zu verteilen, die den ganzen Tag über zugehört hatten. Sie waren arm, niedergeschlagen, müde und ausgehungert – »Ich habe Mitleid und Erbarmen mit den Leuten. Die Leute sind wie Schafe ohne einen Hirten«, sagte Jesus einmal und forderte deshalb seine Anhänger auf, Nahrung zu besorgen, um sie zu sättigen. Diesen Jüngern widerstrebte die Extra-Anstrengung, bei der Essensversorgung der Leute zu helfen. Sie wollten lieber den einfachen Weg gehen: »Wir haben nur fünf Brote und zwei Fische. ... Was ist das für so viele? Lasst uns die Leute aufs Land schicken, damit sie sich selbst Essen besorgen.«Einige aus der großen Schar, die Jesus in die Wüstengegend gefolgt war, um seine Lehre anzuhören, waren arm und hatten kein Geld.

»Die Speisung der Fünftausend«, wie dieses Wunder genannt wird, ist sehr deutlich für das Verständnis von »Lebensmittel« im Neuen Testament. Sie spiegeln eine alte afrikanische Weisheit um das Thema Essen und Teilen wider: »Versorge im Rahmen deiner Möglichkeiten diejenigen, die in Not sind. Lass keine Verschwendung zu. Teile, was du hast, mit anderen, die nichts haben. Beim Teilen wird die Nahrung vermehrt, nicht vermindert. Teilen lässt Neues entstehen, und es bleibt sogar noch etwas übrig. BEHALTE NICHT ALLES FÜR DICH: Alleine zu essen ist eine schlechte Angewohnheit. Gib allen zu essen und stelle sicher, dass jeder etwas zu essen hat und keiner hungert. (Bräuche der Igbo und afrikanische Weisheiten.)

In diesem Bericht gab Jesus an dem abgelegenen Ort fünftausend Menschen zu essen, und was übrig blieb, füllte zwölf Körbe. Jesus lehrte aber auch seine Zuhörer über die irdische Nahrung hinaus nach Nahrung zu suchen, die Sinn stiftet – für Körper, Geist und Seele. Hinsichtlich Essen und Trinken unterstützte Jesus eher die Haltung, dass diese nur Mittel zum Zweck waren, wenn man sie nur als einfache körperliche Nahrungszufuhr sah. Essen und Trinken müssen höheren Werten dienen und dem gesamten Menschen förderlich sein. Nahrung sättigt, aber nur für begrenzte Zeit. Im Glauben sollen die Menschen dauerhafte Nahrung suchen, die – über das einfache Essen und Trinken hinaus – die geistigen und spirituellen Bedürfnisse befriedigen kann. Aus diesem Grunde würde das Brot, das er am letzten Tag an sie austeilte, sein Leib werden. Es ist symbolisch und sakramental, aber verbindlich und beständig. Wenn Menschen am Sakrament der Heiligen Kommunion teilnehmen, essen sie das Fleisch Christi und trinken Christi Blut. Sie empfangen die Gnade, die der Beginn des ewigen Lebens ist und das »Rezept für die Unsterblichkeit«. Jesus selbst hat es gesagt: »Wer mein Fleisch isst und mein Blut trinkt, hat ewiges Leben, und ich werde ihn am Jüngsten Tag auferwecken.« (Joh. 6; 55).

Es war Jesus, der sie im Neuen Testament in Bezug auf Lebensmittel – Mittel zum Leben und Lebensunterhalt lehrte: »Bemüht euch nicht um das Brot, das ihr heute esst und sterbt. Sucht nach dem Brot, das für das ewige Leben bleibt. Das ist es, das euch der Menschensohn geben wird. Und das Brot, das ich euch geben werde, ist mein Leib für das Leben (die Erlösung) der Welt. IN SEINEN WORTEN: ‚Ich bin das Brot des Lebens.'« (Joh. 6;35) Brot ist

Speise und Nahrung für das Leben und den Lebensunterhalt. Jesus ist dieses Brot.

5. DIE HEILIGE EUCHARISTIE – GESCHENK UND GEHEIMNIS

In seiner Enzyklika »Mysterium Fidei« – Geheimnis des Glaubens – Die Heilige Eucharistie aus dem Jahr 1965 betont Papst Paul VI, dass dies *»das nicht in Worte zu fassende Geschenk von Christus, dem Bräutigam als Unterpfand seiner grenzenlosen Liebe an die katholische Kirche ist. Sie hat es ununterbrochen als Schatz von einzigartigem Wert in heiliger Obhut bewahrt.«*Paul VI empfiehlt daher allen, diesem Geheimnis mit demütiger Ehrfurcht zu begegnen, nicht menschlichen Argumenten zu folgen, die verstummen sollten, sondern im unerschütterlichen Festhalten an der göttlichen Offenbarung.

Bei dem Konzil von Trient im 16. Jahrhundert kam die Versammlung überein, dass *»beim Letzten Abendmahl, in der Nacht, da er verraten wurde, unser Retter die Eucharistie seines Leibes und Blutes einsetzte. Er tat dies, um das Kreuzesopfer durch die Jahrhunderte hindurch fortzusetzen, bis er wiederkommen würde. Und er wollte seiner geliebten Braut, der Kirche, ein Vermächtnis seines Todes und seiner Auferstehung machen, ein Sakrament der Liebe, ein Zeichen der Einheit, einen Bund der Liebe, ein österliches Mahl, in dem Christus gegessen wird, der Geist mit Gnade erfüllt wird und uns ein Zeichen der zukünftigen Herrlichkeit geschenkt wird«* (Bezug Konstitution De Sacra Liturgia, C.2 n.47; Acta Apostolicae Sedis AAS, LVI, 1964, S.113).

Das Opfer, das hier von der Messe erwähnt wird, gehört zum Wesen der heiligen Messe, die täglich in allen Teilen der Welt gefeiert wird.

Zu dieser Lehre, die durch alle Jahrhunderte hindurch vermittelt wurde, sagt der Scholastiker Thomas von Aquin, dass die Anwesenheit des echten Leibes und Blutes Christi in diesem Sakrament »*nicht durch sinnliche Erfahrung, sondern nur durch den Glauben kraft göttlicher Unterstützung gemacht werden kann*«. Er schreibt weiterhin: »Sehen, Berühren, Schmecken, sie alle täuschen sich in dir; dem Ohr allein kann man am sichersten vertrauen. Ich glaube alles, was der Sohn Gottes gesagt hat, es gibt kein wahreres Zeichen als das authentische Wort der Wahrheit selbst.« (Summa Theologiae IIIa, q75, a.1c). Ein anderer großer Heiliger der Kirche, der hl. Bonaventura, führt aus: »*Es gibt keine Schwierigkeit, dass Christus zeichenhaft in dem Sakrament ist. Es stellt (hingegen) die größte Schwierigkeit dar, dass er im Sakrament wahrhaft sein sollte, wie im Himmel ist. Dies zu glauben ist deshalb höchst verdienstvoll.*«

6. DIE LEHRE DES NEUEN TESTAMENTS ÜBER LEBENSMITTEL – MITTEL ZUM LEBEN – IST SOWOHL EINE HERAUSFORDERUNG WIE EINE OPTION FÜR NACHHALTIGEN LEBENSSTIL UND SINNGEBUNG

Als Christen werden wir oft daran erinnert, dass die Bibel Gottes Wort ist; aber wir werden nicht immer darauf hingewiesen, dass sie so vielfältig ist wie alle anderen Geschöpfe Gottes. Sie enthält viele großartige Geschichten jedweder Art, handelt von Menschen und Ereignissen, die manchmal inspirierend, bewegend, nett und sogar amüsant sind. Aber manchmal sind die Inhalte der Bibel frustrierend und entsetzlich. Das Neue Testament stellt ein Lebensmodell dar und wurde für viele, die sich daran hielten, eine Art

Richtschnur, die den Weg zum Glück wies. Es kann auch Unglück bringen, wenn man sich nicht daran hält.

In derselben Bibel ist vieles, das keine Bedeutung hat und in unserem menschlichen Denken keinen Platz hat. Sie enthält Stammbäume von längst vergessenen Familien; Listen von Beamten/Offiziellen, von nicht mehr gültigen Gewohnheiten, Bräuchen und Verrat. Es ist dem Leser überlassen zuzuhören und zu entscheiden, was er übergehen will oder wen er notfalls um Rat fragen möchte. Die Religion ist ein wichtiger Teil des Lebens. Sie schenkt Sinn und führt zum Heiligen und Göttlichen und versöhnt die Menschheit mit dem Schöpfer und dem Übernatürlichen. Essen und Trinken enthalten religiöse Symbolik, »*denn alle Dinge wurden für ihn und durch ihn geschaffen*«. Wenn es keine Hoffnung und keinen göttlichen Plan im Universum gibt, dann gäbe es keinen Sinn oder Grund, da zu sein, und jedwede (Selbst?) Beherrschung/Disziplin ist bedeutungslos.

Für diejenigen, die während der Periode der neutestamentlichen Zeiten Sinn suchten, war das Christentum eine Religion der Hoffnung in einer trostlosen, sinnlosen Welt. Aus diesem Grund wurden die Christen so sehr verdächtigt und gehasst; auf Grund ihrer Lebensweise und ihres offensichtlichen Glücklichseins standen sie in lebendigem Widerspruch zu den Strömungen der damaligen Welt. Für die frühen Konvertiten war das Evangelium von Christus in der Tat eine gute, aber gefährliche Nachricht. Es muss gesagt werden, dass sogar jetzt und heute, da wir im 21. Jahrhundert schreiben, die Ausführungen und Geschichten des Neuen Testaments als Trost in einer sinnlosen Welt erscheinen. Die ersten Christen fanden somit in Lebensmitteln – Mitteln zum Leben – nicht nur Sinn und Hoffnung im Leben; sie fanden Freiheit für die heilige Gemeinschaft von Frauen und Männern. Es gab weder Herrn noch Sklaven. Die Freiheit wurde Gottes Geschenk für alle. Dieses neue Glück erstaunte die Ungläubigen zu jener Zeit, die verwundert ausriefen: »*Seht, wie diese Christen einander lieben*« (Antiochus). Die Christen des Neuen Testaments teilten miteinander die Nahrung und besaßen alle Dinge gemeinsam. Sie lebten, teilten und liebten. Das ist die Herausforderung – das Geschenk und unsere Berufung. »*Ich kam, damit sie das Leben in Fülle haben.*« (Joh 10.10).

Vita Prof. Dr. Obiora Ike (Nigeria)

Vorsitzender der Kommission für Entwicklung, Gerechtigkeit, Frieden und Caritas, Enugu
Stellvertretender Direktor – Globethics.net
obiorike@yahoo.com; ike@globethics.net

Monsignore Prof. Dr. Obiora ist Menschenrechtler, Fachmann für Entwicklung, öffentlicher Redner, Autor, Lehrer, Pastor und Brückenbauer über die Kontinente hinweg.

Dr. Ike studierte in Nigeria, Österreich, Deutschland, Frankreich und dem Vereinigten Königreich und erwarb Studienabschlüsse in Philosophie, Theologie, Wirtschaft, Journalismus und Politikwissenschaft. Er schloss das Doktorat in Bonn, Deutschland, mit einer Spezialisierung in christlichen Sozialprinzipien 1986 ab.

Dr. Ike hatte in Kirche, Gesellschaft und Staat verschiedene Posten inne. Als katholischer Priester und Pfarrer war er Generalvikar der Diözese Enugu, bischöflicher Vikar für Mission und öffentliche Beziehungen, Gemeindepriester in der Pfarrei St. Leo der Große, Mitglied der Kurie, Jugendpfarrer, Gefängnis-Seelsorger, Experte bei der Katholischen Bischofskonferenz und Vorsitzender der katholischen Kommission für Entwicklung, Gerechtigkeit, Frieden und Caritas. Papst Johannes Paul II. ernannte ihn zum päpstlichen Kammerherrn (Monsignore), und Papst Benedikt XVI. berief ihn zur Teilnahme an der Afrika-Synode, die 2009 im Vatikan abgehalten wurde.

Obiora Ike gründete in Nigeria mehr als 27 Entwicklungs-Organisationen, darunter das katholische Institut für Entwicklung, Gerechtigkeit, Frieden und Caritas (CIDJAP); den Verband Kleinerer und Mittlerer Unternehmer; Basiserziehung zur Stärkung und Entwicklung der Frauen, mehrere Schulen und unterstützte in der Funktion als Vorsitzender die Gründung der Umuchinemere Procredit Microfinance Bank Ltd.

Er hatte auch mehrere akademische Posten inne; er lehrte an der Spiritan International School of theology in Attakwu, Nigeria; an der größten Einrichtung der Welt zur Ausbildung von Priestern, dem Bigard Memorial Seminary; an der theologischen Fakultät von Tilburg in den Niederlanden und an der Johann Wolfgang Goethe Universität in Frankfurt/ Main, Deutschland. Seit neuestem ist er Professor für Ethik und interkulturelle Studien an der Godfrey Okoye Universität in Enugu, Nigeria; stellvertretender Direktor von Globethics.net in Genf, Schweiz und hat seit 2015 den Vorsitz des Wirtschaftsberatungskomitees der Regierung des Staats von Enugu inne.

Prof. Erika Rosenberg – Jüdische Speisegesetze

Während meiner letzten Vortragsreihe in Europa machte ich eines Tages in Kempten/Allgäu Station, um einen Vortrag über eines meiner letzten Werke zu halten. Das Thema ist sehr interessant, weil es sich um das Leben und Werk eines Grandiosen, um Papst Franziskus, handelt. In dem Buch »Als ich mit dem Papst U-Bahn fuhr« werden die verschiedenen Lebensphasen des ehemaligen Erzbischofs von Buenos Aires Padre Jorge Mario Bergoglio geschildert, bis er im Jahre 2013 zum Papst gewählt wurde.

Ich kenne Padre Jorge seit 1998 im Rahmen des interreligiösen Dialogs. Ein Thema, das mich immer sehr beschäftigt hat: das Ökumenische.

An dem Abend, noch vor der Veranstaltung, wurde ich von einem sehr netten Herrn angesprochen, der mich auch darum bat, einige Zeilen für seine Publikationen über religiöse Speisegesetze aus der Sicht des Judentums zu verfassen.

Ich kann diesen Text nicht anfangen, ohne etwas über meine eigenen Wurzeln zu erwähnen.

Meine Eltern, beide aus Deutschland stammend, praktizierten in ihrem jüdischen Glauben Sitten und Gebräuche. Sie und ihre Familienangehörige gingen regelmäßig in die Synagoge. Mein Vater in seiner Heimatstadt Berlin und meine Mutter in Hamburg. Sie feierten Kabbala Shabat, nahmen koschere Nahrungsmittel zu sich. Aber als die Nürnberger Gesetze 1935 verabschiedet wurden und Juden, Kommunisten, Sozialisten und Homosexuelle den Beruf nicht mehr ausüben durften, blieb einem Berliner Juristen und einer Hamburgerin, frischgebackenen Ärztin nicht anders übrig, als die Heimat zu verlassen und in Richtung Südamerika auszuwandern.

In der Diaspora achteten sie schon gar nicht mehr auf die Speisegesetze, die einst in der alten Heimat ihren Alltag bestimmt hatten.

Immerhin bin ich aufgewachsen im Schoß einer Familie, in welcher oft darüber gesprochen wurde.

Ich erinnere mich heute noch an meine erste Frage, als ich ein Kind war. Ich hörte am Tisch wiederholt den Begriff KOSCHER und meine Neugierde löste sich in unzähligen Formen der Fragestellung auf. Meine Mutter ließ sich immer wieder Zeit mit der Erklärung und sagte: »koscher« bedeute tauglich, rein in Hinsicht auf Nahrung, aber auch auf Stoffe, Thora, religiöse Gegenstände.

Solche Gesetze entstanden vor mehr als 5000 Jahren in der Wüste und hielten das jüdische Volk einigermaßen gesund und vor allem zusammen, denn sie unterschieden sich von den anderen Stämmen ausgerechnet, weil es um ein »koscheres Volk« ging. Laut Aussagen orthodoxer Juden.

Die Speisegesetze im Judentum heißen auf Hebräisch »KASCHRUTH«. Das wiederum bedeutet: »Du sollst ein Böckchen nicht in der Milch seiner Mutter kochen.« (2. Mosche 23,19).

Warum gibt es Speisegesetze im Judentum? Vor allem, um mit Gott im Einklang zu sein. Das Essen und Trinken sollte Lebensbedingung sein und nicht zur Befriedigung von Trieben. Auch wird es betrachtet, damit keine Gleichstellung von Mensch und Tier zu verzeichnen sei, denn der Mensch ist etwas Höheres.

Erforderlich ist hier, dass die Tiere, die geschlachtet werden, koscher sind. Vor dem Schlachten wird überprüft, ob das Tier gesund ist und ob es Junge erwartet, auch ob es innere Verletzungen hat, ebenfalls werden die Schärfe des Messers und dessen Reinigung überprüft.

Prozedur beim Schlachten: Das Tier wird hingelegt, dann ein schneller Schnitt durch Halsschlagader und Speiseröhre durchgeführt, wodurch das Tier bewusstlos wird, dann wird das Tier aufgehängt, um vollständig auszubluten. Danach wird die Bedika (Fleischbeschau) durchgeführt. Das Tier wird von Nerven und Sehnen am Hüftgelenk befreit. Zunächst werden Fett und Talgschicht herausgeschnitten und es werden die Gefäße entfernt, in welchen noch Blut vorhanden ist. Zum Schluss wird das Fleisch vorbereitet.

Warum wird Blut entfernt? Es ist verboten, Blut zu verzehren. Blut ist Sinn des Lebens, bedeutet Leben, Seele der Tiere.

Nach der Schlachtung wird das Fleisch in Salz gelegt und nach einer halben Stunde wieder gewaschen, um das Blut vollkommen zu entfernen.

Welche Tiere sind koscher? Wiederkäuer mit gespaltenen Hufen, z. B. Rinder, Ziegen. Fische mit Schuppen. Vögel, die keine Raubvögel sind.

Was ist nicht koscher und darf nicht gegessen werden? Produkte nicht koscherer Tiere, Rogen nicht koscherer Fische, alles »kriechende«, wie z. B. Würmer, Austern, Krabben, Hummer.

Die Schlachtung von Tieren muss von einem koscheren Metzger (Schochet) durchgeführt werden. Dieser gilt als heilig und muss eine mehrjährige, spezielle Ausbildung hinter sich haben. Er genießt ein hohes Ansehen in der Gemeinde. Sehr wichtig ist, dass das Tier nicht leiden darf und respektvoll behandelt wird.

Was betrifft das koschere Brot? Koscheres Brot wird ohne Butter, Milch, tierische Fette gebacken. Der Bäcker soll in der Regel Jude sein und er muss den Ofen anstellen.

Was Getreide anbelangt, muss die Erde, in welcher gesät wird, alle sieben Jahre regeneriert werden und die Früchte dürfen erst drei Jahre nach der Pflanzung verzehrt werden. (Samen auf Acker/Weinberg).

Die Getränke sollen auch von Juden hergestellt werden und verzeichnet mit einem Koscherzertifikat.

Die Nahrung soll getrennt werden. Die Milchprodukte von denen, die Fleisch oder tierische Fette enthalten.

Wartezeiten müssen beachtet werden: milchige Nahrung erst wieder drei Stunden nach dem Verzehr von fleischiger Nahrung, halbe Stunde Wartezeit, bevor man Fleischiges nach Milchigem isst.

Für den Verzehr der Speisen muss man auch getrenntes Geschirr, Besteck, Arbeitsplätze, Töpfe, Küchentücher, Spülen in Acht nehmen.

Die Hände muss man sich gründlich vor dem Verzehr und vor dem Anfassen der Nahrung waschen. Der Ofen muss 20 Minuten lang gesäubert werden, bevor Milchiges gebacken wird.

Koscheres Essen wird in 3 Gebiete aufgeteilt:

Fleischig – bassari: koscheres Fleisch; Fleischfilet, alle Produkte, die fleischige Bestandteile enthalten.

Milchig – chalawi: Milch von koscheren Tieren; Milchfett, z. B. Butter; alle Produkte, die milchige Bestandteile haben.

Parwe – setami: neutrale koschere Lebensmittel; dürfen zusammen mit Milch- oder Fleischprodukten gekocht und gegessen werden:

alles, was auf dem Boden wächst: Gemüse, Früchte, Nüsse, Kaffee, Gewürze, Zucker, Salz, alle koscheren Fische.

1990 lernte ich in Buenos Aires Frau Emilie Schindler kennen, die zusammen mit ihrem Ehegatten 1200 Juden vor dem sicheren Tod in den Gaskammern der Nazimaschinerie gerettet hatte. Berühmt aber wurde nur Oskar Schindler durch den Hollywood-Film »Schindlers Liste«. Die Geschichte unbesungener Helden zog mich in einen besonderen Bann. Nachdem wir uns angefreundet hatten, verfasste ich einige Biographien über sie, ihren Mann und die mutige Rettung. Bei unseren vielen Gesprächen fragte ich sie immer wieder: »Wie hatten es die orthodoxen Juden geschafft, die Speisegesetze zu respektieren?« Daraufhin erzählte sie mir, dass es wirklich ein Mammutwerk war, denn unter solchen Gegebenheiten fiel es einem sehr schwer, sich an alle koscheren Maßnahmen zu halten. Sie erinnerte sich an den Rabbiner Leventoff, der die orthodoxen Juden auf Schindlers Liste immer wieder aufmunterte, kein koscheres Essen verzehren zu wollen, damit sie auch nicht hungerten. Hier seine Worte: *Der liebe Gott wird euch verzeihen, denn er ist der Allmächtige, der alles sieht, versteht und verzeiht. Es sind schlimme Zeiten . . . wir* müssen *noch warten, bis der Krieg vorbei ist, dann können wir wieder auf die jüdischen Speisegesetze achten.*

Vita Prof. Erika Rosenberg

Prof. Erika Rosenberg wurde als Tochter deutscher Juden in Buenos Aires, Argentinien, geboren. Ihre Eltern, ein Jurist und eine Ärztin, flohen 1936, noch vor dem Holocaust, über Paraguay nach Argentinien.

1990 lernte sie Emilie Schindler kennen. Ihre intensiven Gespräche führten nicht nur zu einer Freundschaft, sondern auch zu über 70 Stunden Tonbandaufnahmen, aus denen Rosenberg-Band 1997 die Biografie »In Schindlers Schatten« fertigte. Unter den Titeln »Ich, Emilie Schindler« sowie »Ich, Oskar Schindler« veröffentlichte sie weiterhin die überarbeiteten Biografien der Schindler-Witwe. Als Emilie Schindler am 5. Oktober 2001 starb, wurde Erika Rosenberg-Band eine ihrer Erben. Im Oktober 2012 erschien auf der Frankfurter Buchmesse das Werk »Schindlers Helfer«, das sich mit den über 32 Helfern, die die Schindlers zwischen 1939 und 1945 unterstützten, befasst.

Erika Rosenberg arbeitete im argentinischen Auswärtigen

Amt, wo sie zukünftige Diplomaten ausbildete. Erika Rosenberg arbeitete an der Katholischen Universität zu Buenos Aires und war als Dozentin am Goethe-Institut tätig.

Ihr Werk über den Papst Franziskus »Als ich mit dem Papst U-Bahn fuhr – Jose Bergoglio aus Buenos Aires« erschien 2015.

Im Rahmen einer Buchvorlesung in Kempten im Allgäu bat Georg Sedlmaier Frau Prof. Erika Rosenberg um einen Beitrag über jüdische Speiseregeln.

Prof. Dr. Franz Sedlmeier – »Auf dich warten sie alle, dass du ihnen ihre Speise gibst zur rechten Zeit« (Psalm 104,27)

1000 Bilder Bibel © Deutsche Bibelgesellschaft, Stuttgart

Nach der Vorstellung des Alten Orients wurden die Menschen erschaffen, um die Götter zu ernähren. Eine alte Geschichte aus dem Zweistromland von Euphrat und Tigris, dem heutigen Irak, erzählt, dass die Götter das Menschengeschlecht durch eine große Flut straften. Doch als das Unheil über die Menschen gekommen war, erschraken die Götter. Wer würde sie jetzt ernähren? Sie hatten mit den Menschen ihre Ernährer vernichtet. Ganz anders die Bibel.

I. Nahrung – als Gottes Gabe

Gleich zu Beginn des Buches Genesis wird eindrücklich unterstrichen: Nicht die Menschen haben die Gottheit zu versorgen, vielmehr trägt Gott Fürsorge für seine Geschöpfe, die er mit Gaben und Nahrung in Fülle beschenkt. Der Mensch ist zunächst der, der die Gaben Gottes empfängt. Der erste Schöpfungstext der Bibel, vermutlich im 6. Jh. v. Chr. entstanden, betont, dass allen Lebewesen reichlich Nahrung zur Verfügung steht. »*Dann sprach Gott: Hiermit übergebe ich euch alle Pflanzen auf der ganzen Erde, die Samen tragen, und alle Bäume mit samenhaltigen Früchten. Euch sollen*

---

20 Die folgenden Überlegungen orientieren sich v. a. an: K. Gies, Art. Speisegebote (AT), in: WiBiLex, https://www.bibelwissenschaft.de/wibilex/das-bibellexikon/lexikon/sachwort/anzeigen/details/speisegebote-at/ch/df812506b6aad6b7d6ad636294d54f1d/ (Zugriff: 5. 2. 2017); K. Weißflog, Art. Mahl / Mahlzeit (AT), in: WiBiLex, https://www.bibelwissenschaft.de/wibilex/das-bibellexikon/lexikon/sachwort/anzeigen/details/mahl-mahlzeit-at/ch/cd06533d66960047cd2efc9da62b1ed2/; R. Smend, Essen und Trinken – ein Stück Weltlichkeit des Alten Testaments, in: H. Donner u. a. (Hg.), Beiträge zur alttestamentlichen Theologie. FS W. Zimmerli, Göttingen 1977, 446-459.

sie zur Nahrung dienen. Allen Tieren des Feldes, allen Vögeln des Himmels und allem, was sich auf der Erde regt, was Lebensatem in sich hat, gebe ich alle grünen Pflanzen zur Nahrung. So geschah es. (Gen 1,29-30). Der sechste und letzte Schöpfungstag findet seinen Abschluss in der feierlichen Übergabe der Nahrung an die Lebewesen. Es ist auffällig, dass dabei lediglich von pflanzlicher Nahrung die Rede ist. Dies hat man mitunter so verstanden, als propagiere die Bibel vegetarische Nahrung. Erst nach der Sintflut sei, aufgrund der Bosheit des Menschen, der Fleischverzehr erlaubt worden. So heißt es in Gen 9,3-4: »*Alles Lebendige, das sich regt, soll euch zur Nahrung dienen. Alles übergebe ich euch wie die grünen Pflanzen.[4] Nur Fleisch, in dem noch Blut ist, dürft ihr nicht essen.*« Für das rechte Verständnis der beiden Texte Gen 1,29-31 und Gen 9,3-4 ist zu bedenken, dass Fleisch für den Menschen des Alten Testaments zu den legitimen Nahrungsmitteln gehörte. Die Alltagswelt des biblischen Menschen zeigt sich also in Gen 9. Allerdings hält Gen 9,4 ausdrücklich fest, dass der Verzehr von Blut verboten bleibt. In der Vorstellung der Alten war das Blut der Sitz des Lebens. Das Verbot, Blut zu verzehren, bedeutet der Sache nach: Leben ist unverfügbar. Deshalb wird beim Schlachten eines Tieres das Blut auf die Erde gegossen, also dem Schöpfer zurückgegeben. Der Mensch, der sich von Tieren ernährt, soll nie vergessen, dass er nicht Herr über das Leben ist und auch den Lebewesen, von denen er sich nährt, Respekt zollt. Er hat in der Tierhaltung so mit den Tieren umzugehen, dass sie als Geschöpfe artgemäß gehalten und als Lebewesen behandelt, nicht aber zur bloßen Fleischmasse für den Konsum degradiert werden. Wenn in Gen 9,3-4 der Alltag des biblischen Menschen abgebildet wird, erhält die Aussage in Gen 1,29-31 eine neue Bedeutung. Das Bild von den vegetarisch lebenden Menschen und Tieren ist kein

Realbild der Wirklichkeit, sondern ein Idealbild. Nach diesem Ideal lebt kein Lebewesen auf Kosten des anderen, alle haben ihren je eigenen Lebensraum.[21] Diese ideale Schau will als Gegenentwurf zur gewaltbesetzten Realität kritisch und produktiv auf die Gestaltung der jeweiligen Gegenwart einwirken, um Lebenswelt so zu verändern, dass Respekt und Ehrfurcht voreinander das Zusammenleben immer mehr bestimmen. Als »Abbild Gottes« (Gen 1,26) ist dabei dem Menschen – Frauen wie Männern – eine besondere Verantwortung übertragen.

2. Nahrungsmittel im Alten Testament

Fleischliche Nahrung gehörte im Alten Testament zum Leben, doch lebte die Mehrheit der Bevölkerung Palästinas in biblischen Zeiten vor allem von vegetarischer Kost.[22] Das späte Buch des schriftgelehrten Weisen Jesus Sirach aus dem 2. Jh. v. Chr. zählt folgende zum Leben notwendige Nahrungsmittel auf: *Wasser* und *Salz*, *Weizen*, *Milch* und *Honig*, *Traubenblut* und *Öl*.[23]

Grundnahrungsmittel waren in biblischen Zeiten *Getreide und Hülsenfrüchte*. Neben den wichtigsten Getreide-

---

21 An anderer Stelle wird diese Sachaussage in das Bild des großen Tierfriedens gekleidet. Vgl. Jes 11,6-8*: »Kuh und Bärin nähren sich zusammen, ihre Jungen liegen beieinander. Der Löwe frisst Stroh wie das Rind.«

22 Das zeigt sich bis heute im jüdischen *Tu Bischwat-Fest*, am 15. Tag des Monats Schwat. Dieses Fest bringt die Verbindung zwischen Mensch und Natur zum Ausdruck, indem man Bäume pflanzt und von den »Sieben Arten« Israels isst: von Weizen, Gerste, Datteln, Feigen, Oliven, Granatäpfeln und Weintrauben.

23 *»Anfang alles Notwendigen für das Leben des Menschen sind: Wasser und Feuer, Eisen und Salz, feinstes Weizenmehl, Milch und Honig, das Blut der Traube, Olivenöl und Kleidung«* (Sir 39,26).

arten *Weizen* und *Gerste* werden *Emmer* (Ex 9,32) und *Hirse* (Ez 4,9) genannt. Zudem erwähnt die Bibel *Bohnen* (2 Sam 17,28; Ez 4,9) und *Linsen* (Gen 25,34). Die Getreidekörner hat man z. T. sofort nach der Ernte über dem Feuer geröstet und verzehrt. In der Regel jedoch wurden sie gemahlen und – mit oder ohne Sauerteig – zu Brot verarbeitet, das man zusammen mit Öl oder Weinessig aß (Ex 29,2; Rut 2,14).[24] Brot spielt als Grundnahrungsmittel eine besondere Rolle für die Ernährung. Deshalb steht das hebräische Wort für Brot (*lechem*) ganz allgemein für »Nahrung«. Wem das »Brot« fehlt, der ist vom Hunger bedroht. Entsprechend fordert die Sozialgesetzgebung Israels dazu auf, miteinander Nahrung zu teilen, »dem Hungrigen dein Brot zu brechen« (Jes 58,7a). Etwas weniger Bedeutung kommt in alttestamentlichen Schriften dem *Gemüse* zu. Erwähnt sind *Knoblauch, Zwiebel und Lauch* (Num 11,5), auch *Gurken* und *Kapern*. *Kraut* (1 Kön 21,2; Spr 15,17; 2 Kön 4,39) dient mehrfach als Überbegriff für verschiedene Pflanzen, wobei nicht klar ist, welche genauen Pflanzensorten damit gemeint sind. Der erste große Schöpfungstext in Gen 1,29-30 erwähnt die *Früchte*. Sie dienen als wichtiges Nahrungsmittel und als Beilagen für Mahlzeiten. Dabei sind besonders *Feigen, Oliven* und *Weintrauben* zu nennen bzw. deren veredelte Produkte *Wein* und *Olivenöl*. Als weitere Früchte sind anzuführen: *Maulbeerfeigen* und *Datteln, Granatäpfel, Nüsse* und *Mandeln, Pistazien* und *Melonen*. Die Früchte wurden z. T. frisch verzehrt, ein großer Teil diente getrocknet als Proviant während des Jahres. Mehrfach ist von Kuchen die Rede, etwa von Traubenkuchen (Hld 2,5; Jes 16,7; Hos 3,1) oder von

---

24 Vgl. Rut 2,14: »*Zur Essenszeit sagte Boas zu ihr [Rut, F.S.]: Komm und iss von dem Brot, tauch deinen Bissen in die Würztunke! Sie setzte sich neben die Schnitter. Er reichte ihr geröstete Körner, und sie aß sich satt und behielt noch übrig.*«

Feigenkuchen (1 Sam 25,18).[25] Es handelt sich sehr wahrscheinlich nicht um ein Gebäck mit Früchten, sondern um getrocknete, zu einer festen Masse komprimierte Früchte.

Eine besondere Rolle kommt den **Getränken** zu, besonders dem *Wasser* und der *Milch*, die als *Kuh-, Schafs-* oder *Ziegenmilch* getrunken, aber auch zu *Butter* und *Käse* verarbeitet wurde. Das Alte Testament kennt auch alkoholische Getränke wie *Bier* und Wein oder fermentierte und vergorene Fruchtsäfte. Diese Getränke werden mit der Bezeichnung *Rauschtrank* auch problematisiert und in ihren negativen Auswirkungen benannt (vgl. Gen 9,21; Spr 23,20f.29.35; Jes 28,7; Mi 2,11).[26]

Um den Geschmack von Speise und Trank zu verfeinern, werden reichhaltig *Gewürze* verwendet. Besonders wichtig sind hierbei *Olivenöl* und *Salz*. Zur Versüßung dienen *wilder Honig* und aus Früchten gewonnener *Sirup*. Weitere Gewürze sind *Koriander, Kümmel, Safran* und verschiedene Arten von *Zimt*.

Trotz überwiegend vegetarischer Nahrung aus Getreide, Gemüse und Früchten werden **Fleischgerichte** nicht abgelehnt. Diese gab es bei besonderen Gelegenheiten, oft zusammen mit Wein oder Bier. Natürlich konnte sich die

---

25 Der Verzehr solcher Früchtekuchen kann positiv oder negativ beurteilt werden, je nach Sinnzusammenhang. Wenn Hos 3,1 das Essen von Traubenkuchen anprangert, liegt dies daran, dass dieses Mahl im Rahmen der Baalsverehrung eine Rolle spielt, also Ausdruck des Götzendienstes ist.

26 Konsum von Wein und Bier bis zur Trunkenheit taucht in der *prophetischen Kritik* an der reichen Oberschicht auf, die das Leben in vollen Zügen genießt und sich nicht um die zunehmend verarmende Bevölkerung kümmert. Die *Weisheitsliteratur* warnt vor allem vor der mit dem Alkoholkonsum verbundenen Selbstzerstörung, sei es der eigenen Physis, sei es der sozialen Bande. Vgl. Spr 23,20f.: »*20 Gesell dich nicht zu den Weinsäufern, zu solchen, die im Fleischgenuss schlemmen; 21 denn Säufer und Schlemmer werden arm, Schläfrigkeit kleidet in Lumpen.*«

Oberschicht solche üppigen Mahlzeiten eher leisten. So gerät Fleisch- und Weinkonsum in das Kreuzfeuer prophetischer Kritik, die ausufernde Gelage als soziales Unrecht anprangert.[27] Für fleischliche Nahrung griff man auf die gezähmten Tiere wie *Schaf, Ziege* und *Rind* zurück. Daneben verzehrte man auch Fleisch von *Wildtieren* (Damhirsch, Gazelle, Steinbock, Wildgeflügel) und *Fischen* (Salz- und Süßwasserfische), die entsprechend konserviert werden mussten.[28]

3. Ernährung, Kultur und Religion

Nahrungsaufnahme diente nicht nur der Sättigung, sondern auch zur Lebensgestaltung. Im alten Israel waren zwei Mahlzeiten am Tag vorgesehen, am Morgen und am Abend. Als Frühstück nahm man eine leichte Stärkung zu sich, im Laufe des Tages gab es Zwischenmahlzeiten. Das Essen in den Abendstunden war besonders reichlich und wurde gepflegt. Beim Mahl saß man für gewöhnlich beisammen und aß mit den Fingern oder mit einem Stück Brot aus einer gemeinsamen Schüssel.

Bei wichtigen Ereignissen – einem Geburtstag (Gen 40,20; Ijob 1,4-5), der Entwöhnung eines Kindes (Gen 21,8), einer Eheschließung – erhielt das Essen einen verdichteten Sinn und diente dem Aufbau und Zusammenhalt der Mitglieder einer Gemeinschaft. Bei traurigen Anlässen wie Todesfällen und Beerdigungen wurde den Trauernden Nahrung gereicht, um ihnen Trost zu spenden und Frei-

---

27 Vgl. dazu etwa die prophetische Kritik bei Amos, Am 6,4-6.
28 Zu den Speisevorschriften, die dabei zu beachten waren, und zur Unterscheidung von »rein« und »unrein« vgl. den Beitrag von Prof. Erika Rosenberg, »Jüdische Speisegesetze« in diesem Band.

raum für die nötige Trauerarbeit zu geben. Während in der Umwelt Israels bei Totenmählern die Verbindung mit den Verstorbenen gesucht wurde, ist die Versorgung der toten Ahnen mit Nahrung in biblischen Texten verboten. Stattdessen soll ein entsprechender Anteil den noch lebenden, gesellschaftlich benachteiligten Personen zukommen, den Fremden, Waisen und Witwen. Nach Konflikten und Streitigkeiten besiegelt das gemeinsame Mahl die Versöhnung unter Gegnern, die oft mit einem Bundesschluss einhergeht. So wird das gemeinsame Mahl zum Zeichen von Gemeinschaft, von Versöhnung und Frieden.

Auch in religiöser Hinsicht kommt dem Mahl eine besondere Bedeutung zu. Schon im menschlichen Zusammenleben sind Essen und Trinken Ausdruck der Lebensfreude und friedvollen Zusammenlebens. Texte, die von der Zukunft der Welt und des Menschen sprechen, sehen das Mahl als Inbild der Vollendung. Das Bild des endzeitlichen Mahles wird so zu einem Bild der Hoffnung, das die gesamte Völkerwelt mit einschließt: »*Der Herr der Heere wird auf diesem Berg für alle Völker ein Festmahl geben mit den feinsten Speisen, ein Gelage mit erlesenen Weinen, mit den besten und feinsten Speisen, mit besten, erlesenen Weinen. Er zerreißt auf diesem Berg die Hülle, die alle Nationen verhüllt, und die Decke, die alle Völker bedeckt. Er beseitigt den Tod für immer. Gott, der Herr, wischt die Tränen ab von jedem Gesicht. Auf der ganzen Erde nimmt er von seinem Volk die Schande hinweg. Ja, der Herr hat gesprochen*« (Jes 25,6-8).

Prof. Dr. Franz Xaver Sedlmeier
Universität Augsburg

Vita Prof. Dr. Franz Sedlmeier

Franz Sedlmeier, geb. 1954,
Studium in Eichstätt, Münster/Westf., und Rom. 1981
Priesterweihe in Eichstätt.
Dreijährige Seelsorgetätigkeit
Promotionsstudien in Eichstätt und Mainz (bei Prof. Dr.
Rudolf Mosis), zugleich wissenschaftlicher Mitarbeiter in
Eichstätt (1984-1986) und Mainz (1986-1989).
1989   Promotion über zentrale Texte des Ezechielbu-
            ches (Mainz).
1990-1996   Habilitationsstudien über das Motiv »Jerusalem«
            in den Psalmen.

1991-1992 Studium der Altorientalistik und Ägyptologie an der LMU – München.
Zugleich Mitarbeit im Ökumenischen Lebenszentrum Ottmaring/Friedberg bei Augsburg (1989-1992) und in der Pfarrseelsorge in Ingolstadt (1992-1996).
1996-2000 Wissenschaftlicher Assistent an der Universität Mainz.
Im WS 1998/99, im SS 1999 und im WS 1999/2000 Lehrstuhlvertretung an der Universität Mainz (Nachfolge Prof. Dr. R. Mosis)
WS 1998/99 Dozent an der Dormition Abbey, Jerusalem
Seit 2000   Ordinarius für Alttestamentliche Wissenschaft an der Universität Augsburg
WS 2001/2002–WS 2003/2004 Studiendekan der Katholisch-Theologischen Fakultät der Universität Augsburg
WS 2002/2003–SS 2004 Prodekan der Katholisch-Theologischen Fakultät der Universität Augsburg
Oktober 2004 bis Oktober 2006 Dekan der Katholisch-Theologischen Fakultät der Universität Augsburg
12. Juni 2008: Ernennung zum Korrespondierenden Mitglied der Pontificia Academia Theologica.
WS 2009/10: Gastprofessor am Studium Biblicum Franciscanum (Februar bis April 2010)
WS 2011/12: Gastprofessor an der Dormtion Abbey, Jerusalem (März 2012)
SS 2012:   Gastprofessor am Studium Biblicum Franciscanum (März bis Mai 2012)

Wolfgang Schürger – »Nichts ist unrein, was mit Danksagung empfangen wird«

Die Dignität von Lebensmitteln aus christlicher Sicht

Der Streit um »rein« und »unrein« in der jungen Christenheit

Die jüdische Tradition kennt bis auf den heutigen Tag umfangreiche Speisevorschriften[29]. Viele der ersten christlichen Gemeinden setzten sich aus Menschen zusammen, die vom Judentum zu dem »neuen« Glauben gefunden hatten. Die Missionsreisen des Paulus brachten das Evangelium dann mit der hellenistischen und römischen Kultur in Berührung. In diesem Kulturraum wurde auf den Märkten regelmäßig Fleisch von Tieren verkauft, die zuvor in einem Opferkult einer bestimmten Gottheit geopfert worden waren.

Es fällt also nicht schwer sich vorzustellen, wie intensiv in den jungen christlichen Gemeinden über den Umgang mit Lebensmitteln diskutiert wurde: Sind Christinnen und Christen weiterhin an die Speisegebote des Ersten Testamentes gebunden? Dürfen sie Fleisch essen, das vor dem Verkauf einer anderen Gottheit geweiht wurde?

Der Apostel Paulus gibt darauf eine eindeutige Antwort: »Alles, was Gott geschaffen hat, ist gut, und nichts ist verwerflich, was mit Danksagung empfangen wird; denn es wird geheiligt durch das Wort Gottes und Gebet.« (1.Tim 4,4f)

Paulus kann diese Aussage mit Blick auf die konkrete

---

29 Vgl. 3. Mose/Lev 11 und 5. Mose/Dtn 14,1-21.

Situation in einer Gemeinde dann durchaus wieder differenzieren (vgl. 1.Kor 10, 23-33), aber für unsere weiteren Überlegungen zu Ernährung aus christlicher Sicht ist dies die wesentliche Einsicht: »Nichts ist verwerflich, was mit Danksagung empfangen wird.«

Lebensmittel als Teil von Gottes guter Schöpfung

Hinter dieser Einsicht des Paulus steht die grundlegende Überzeugung, dass es im Christentum keine grundsätzliche Unterscheidung zwischen Profanum und Sacrum mehr geben kann: In Jesus von Nazareth ist Gott Mensch geworden, hat das Göttliche profane Gestalt angenommen – und in Leiden und Tod Jesu selbst die Orte der Gottesferne durchdrungen. Auch der auferstandene Christus begegnet in der profanen Gestalt der Fremden, Kranken, Gefangenen oder Hungernden (Mt 25,31-45).

Kann aber Gott sich so in allem Profanen zu erkennen geben, so können die Gläubigen umgekehrt durch ihre Danksagung alle Gaben in Beziehung bringen zu Gott – und dann spielt es für Paulus keine Rolle mehr, ob sie vorher einer anderen Gottheit geweiht waren.

Ein zweiter Grund aber wird in der Argumentation des Apostels deutlich, nämlich der Rückbezug auf Gottes gute Schöpfung. »Alles, was Gott geschaffen hat, ist gut«, schreibt der Apostel und bezieht sich dabei eindeutig auf den »Refrain«, der in der Erzählung von der Schöpfung in 1.Mose/Gen 1 jeden einzelnen Schöpfungstag beschließt: »und siehe, es war sehr gut«.

Die Welt lebt nicht mehr in dem Zustand der paradiesischen Unschuld, der am Anfang der Bibel sichtbar wird, das weiß auch Paulus. Aber wo Menschen sich in ihrer Danksagung und ihrem Gebet wieder daran erinnern, dass alles von Gott geschaffen ist, und ihm für die Gabe danken, da kann nichts verwerflich sein.

Hier wird nun aber schon deutlich, dass einer christlichen Ethik der Ernährung der Umgang mit Lebensmitteln nicht gleichgültig sein kann: Sind Kuh, Schwein, Apfelbaum und Karotte von Gott geschaffen wie wir, dann gebührt ihnen der Respekt eines Mitgeschöpfes. Für Gott sind sie so wertvoll wie wir Menschen, wir sollten daher entsprechend wertschätzend mit ihnen umgehen. Verschwendung von Lebensmitteln, eine Tierhaltung, in der artgerechtes Verhalten nicht möglich ist – das und anderes mehr wird dann kritisch zu betrachten sein.

Die Wertschätzung des Alltäglichen: Brot und Wein

Dieser schöpfungstheologischen Begründung der Wertschätzung von Lebensmitteln korrespondiert eine christologische Begründung: Der auferstandene Christus, so glaubt und feiert die christliche Gemeinde, ist in der Eucharistie gegenwärtig. Jesus selbst hat am Abend vor seiner Gefangennahme dieses zentrale Symbol des christlichen Glaubens gestiftet: In Brot und Wein, so hat er seinen Jüngerinnen und Jüngern verheißen, will er unter ihnen gegenwärtig sein, wenn sie mit Danksagung an ihn denken.

Der Wein war immer schon ein Element des Festmahls, wertvolles und wert geachtetes Lebensmittel. Brot aber war und ist in vielen Teilen der Welt bis heute der Grundbestandteil jedes noch so einfachen, alltäglichen Mahles. Ein ganz profanes Lebensmittel erfährt in der Eucharistie also eine ganz besondere Wertschätzung und Würdigung, indem es die Gegenwart des Göttlichen repräsentiert.

Können Christinnen und Christen achtlos mit Brot umgehen, wenn dieses Lebensmittel zur Präsenz des Göttlichen werden kann? Wenn selbst ein ganz alltägliches Lebensmittel zur Präsenz Gottes werden kann, dann gilt es, alle noch so scheinbar unbedeutenden Gaben des Alltags als Gaben Gottes wertzuschätzen.

Ethik der nachhaltigen Ernährung

Wertschätzung und Respekt vor der Vielfalt, die Gott geschaffen hat, das ist der Grundgedanke einer Ethik der nachhaltigen Ernährung. Wertschätzung und Respekt nämlich schließen aus, dass wir Mitgeschöpfe nur nach ihrem Nutzen für uns beurteilen, als Mittel für unsere eigenen Zwecke gebrauchen – seien es Mitmenschen, Tiere oder Pflanzen.

In einer Zeit, in der der Verlust der Artenvielfalt eine der größten Bedrohungen des Lebens auf unserer Erde zu werden droht[30], stellt eine Ethik der nachhaltigen Ernährung daher auch die Frage nach den Produktionsbedingungen unserer Lebensmittel: Welcher Form von Landwirtschaft bedarf es, um Arten- und Sortenvielfalt langfristig zu erhalten?

Sie hinterfragt natürlich auch die Haltungsbedingungen in der Nutztierhaltung: Wie viel geschöpflicher Eigenwert bleibt einem Schwein, das auf engem Raum in möglichst kurzem Zeitraum auf Schlachtgewicht gezüchtet wird?

Sie stellt Handelsbeziehungen in Frage, die dazu führen, dass Produzentinnen und Produzenten von Lebensmitteln

---

30 Darauf haben Forscher des Potsdam Institut für Klimafolgenforschung bereits Anfang 2015 hingewiesen, https://www.pik-potsdam.de/aktuelles/pressemitteilungen/vier-von-neun-planetaren-grenzen201d-bereits-ueberschritten, aufgerufen am 5. 3. 2017.

von dem Ertrag ihrer Arbeit nicht in der Weise leben können, dass sie ein Leben in Würde führen und ihren Kindern eine gute Zukunft ermöglichen können – ein Phänomen, das wir leider längst nicht mehr nur in der Nord-Süd-Beziehung, sondern zum Beispiel auch beim Kampf um angemessene Milchpreise beobachten müssen.

Respekt und Wertschätzung: gegenüber den Produzentinnen und Produzenten unserer Lebensmittel, gegenüber den Tieren, deren Fleisch wir essen, gegenüber der Vielfalt der Pflanzen, die Gott uns geschenkt hat – wer mit dieser Haltung seine Ernährung betrachtet, wird Lebensmittel nicht achtlos wegwerfen, lieber weniger Fleisch essen und dafür aus artgerechter Tierhaltung und auch sonst nicht dem Trend zu immer billiger, immer mehr folgen.

Respekt und Wertschätzung bedeuten dann nämlich auch: danach zu fragen, was und wie viel es wirklich braucht – damit auch andere genug zum Leben haben, seien es Menschen in den Ländern des Südens oder andere Mitgeschöpfe.

Nachgedanke: Vegetarische Ernährung als Rückkehr zur paradiesischen Unschuld?

Wenn alle Tiere Mitgeschöpfe sind, dürfen Christinnen und Christen sie dann überhaupt schlachten und essen? Immer wieder wird in der Diskussion um eine verantwortliche Ernährung diese Frage gestellt. Wer die Frage mit »Nein« beantwortet, beruft sich gerne auf das Ende der eben schon erwähnten Erzählung von der Schöpfung am Anfang der Bibel. Tatsächlich ist hier eine sehr klare Aufteilung der Nahrungsressourcen erkennbar: »Und Gott sprach: Sehet da, ich habe euch gegeben alle Pflanzen, die Samen bringen, auf der ganzen Erde, und alle Bäume mit Früchten, die Samen bringen, zu eurer Speise. Aber allen Tieren auf Erden und allen Vögeln unter dem Himmel und allem Gewürm, das auf Erden lebt, habe ich alles grüne Kraut zur Nahrung gegeben. Und es geschah so.« (1.Mose/Gen 1,29f) Erst mit den Segensworten, die Gott am Ende der Sintflut-Erzählung über Noah und seine Söhne spricht, wird der Fleischverzehr ermöglicht: »Alles, was sich regt und lebt, das sei eure Speise; wie das grüne Kraut habe ich's euch alles gegeben.« (1.Mose/Gen 9,3) In der Vision des Friedensreiches des Messias begegnet beim Propheten Jesaja dann wieder die Vorstellung, dass am Ende der Zeiten Kalb und Löwe miteinander grasen werden, also auch das Raubtier wieder zum Pflanzenfresser wird.

Paradies und Endzeit sind für die Autoren der Bibel Bilder, die eng miteinander verwandt sind: Beide zeichnen eine Welt in völligem Einklang mit Gott, eine Welt, in der Gott »sein wird alles in allem«, wie der Apostel Paulus schreibt (1.Kor 15,28).

Die Erzählungen vom Paradies (1. Mose/Gen 1-2) sind Teil der sogenannten »Urgeschichte« und stehen in unmittelbarem Zusammenhang mit den Erzählungen vom Sündenfall und der Sintflut. In diesem größeren Erzählzusammenhang betrachtet, wird deutlich, dass die Zeit der »ersten Unschuld« unwiederbringlich verloren ist, wir Menschen müssen in der vorfindlichen Welt leben.

Die Visionen von der Endzeit aber machen auf je ihre eigene Art deutlich, dass es Gott selbst sein wird, der diese Vollendung der Zeiten hervorbringt.

Christliche Hoffnung freilich lebt aus diesen Visionen, Christinnen und Christen handeln im Vorgriff auf das Reich Gottes. Doch Hoffnung taugt nur bedingt zu moralischen Normen. Anders ausgedrückt: Wer die Vision des vollkommenen Friedensreiches dadurch vorwegnimmt, dass er oder sie im völligen Frieden mit der Tierwelt zu leben versucht und auf Fleischverzehr verzichtet, handelt in prophetischer Weise. Prophetinnen und Propheten aber waren nie die Mehrheit unter den Glaubenden. Diese darf sich durch die Segensworte am Ende der Sintflut-Erzählung zum Fleischverzehr legitimiert sehen, sollte aber hinter dem Stück Fleisch das Mitgeschöpf Tier nie vergessen und sich an die Danksagung des Paulus erinnern.

Vita Dr. Wolfgang Schürger

Kirchenrat Dr. Wolfgang Schürger ist Beauftragter für Um-
welt- und Klimaverantwortung der Evangelisch-Lutheri-
schen Kirche in Bayern, Vorstandssprecher der Arbeitsge-
meinschaft der Umweltbeauftragten in den Gliedkirchen der
EKD (agu) und Privatdozent für Systematische Theologie
an der Augustana-Hochschule Neuendettelsau.

Kontakt: wolfgang.schuerger@elkb.de
www.umwelt-evangelisch.de
www.ekd.de/agu

Birgit Schüßler – Lebensmittel als Heilmittel bei Hildegard von Bingen

Birgit Schüßler, Cityseelsorge Kempten

Hildegard von Bingen wurde 1098 geboren und starb im Jahre 1179. Sie wurde ungefähr doppelt so alt wie die meisten Menschen ihrer Zeit. Als Benediktinerin, Prophetin und Visionärin hat sie uns Gesamtzusammenhänge überliefert, in denen es immer wieder um »das Leben im Einklang mit der Schöpfung und dem Schöpfer« geht. Sie sieht den Menschen als Geschöpf Gottes und damit als Teil der Schöpfung in den Kosmos eingebunden.

Immer wieder spricht sie vom Gleichgewicht der vier Elemente: Feuer, Wasser, Luft und Erde, sowohl als Bausteine des Menschen als Mikrokosmos als auch der Schöpfung als Makrokosmos.

Sie beschreibt als Prophetin aus visionärer Weitsicht die Heilkräfte der Pflanzen, Kräuter und Gewürze aus aller Welt. Diese Hildegard-Heilkunde wurde von Dr. med. Gottfried Hertzka (1913-1997) bei der Beschäftigung mit ihren Schriften entdeckt. Die Hildegard-Heilkunde basiert auf einer abwechslungsreichen, vielseitigen Kost mit Dinkel, Gemüse und Obst im Mittelpunkt. Fleisch, Milch und Milchprodukte dienen lediglich als Beilage. Bei der Auswahl der Lebensmittel geht es um den Heilwert, den die einzelnen Lebensmittel für den Menschen haben. Bekannt geworden sind z. B. Heilerfolge mit Dinkel als Universalheilmittel bei vielen ernährungsbedingten Zivilisationskrankheiten.

Dr. rer. nat. Wighard Strehlow hat in Allensbach am Bodensee das weltweit bekannte Hildegard-Zentrum aufgebaut. Im Mittelpunkt steht dort »*die Ernährungstherapie der*

Hildegard von Bingen«[31]. Sie basiert auf der Möglichkeit, die Gesundheit mit einer einfachen und schmackhaften Küche zu erhalten bzw. wiederherzustellen.

Zum Unterschied von »Nahrungsmitteln als Nährstoffträger ohne Lebendigkeit«, also ohne die Vitalstoffe »der Lebensmittel als Mittel zum Leben«, kommt hier noch der medizinische Ansatz von »Lebensmitteln als Heilmittel« hinzu.

Im Dinkelkorn, dem so genannten Urkorn, finden sich mehr Vitamine, Aminosäuren und Spurenelemente als in anderen Getreidesorten. Bei der regelmäßigen Entgiftung und Entschlackung spielt in der Hildegardmedizin die Bertramwurzel eine große Rolle, gefolgt von der Galgantwurzel, die für die Verdauung sowie zur Stärkung von Herz und Kreislauf von Bedeutung ist. Doch auch ganz einfache Gewürze und Gemüsesorten wie Petersilie, Fenchelgemüse, Karotte oder Sellerie haben erwiesenermaßen heilende Wirkung auf den Organismus. Das Petersilienkraut ist herzstärkend, das Fenchelgemüse und auch der Fenchelsamen wirken gegen Verdauungsstörungen und Blähungen. Karotte, Sellerie und die Petersilienwurzel sind voller Mineralstoffe. Ergänzt werden diese von Wildkräutern aus der Natur, zu denen Brennnessel, Giersch, Löwenzahn, Gänseblümchen, Huflattich und Holunder gehören.

Peter Pukownik hat die besten Rezepte der Hildegard-Medizin in seinem Buch »*Der Hildegard-Gesundheitsgarten*«[32] zusammengestellt. Dort finden wir Beschreibungen der Heilwirkungen vieler Lebensmittel. So eignet sich z. B.

31 Wighard Strehlow »Ernährungstherapie der Hildegard von Bingen«, Knaur Verlag München 2009
32 Peter Pukownik »Der Hildegard-Gesundheitsgarten«, Ludwigverlag ISBN 3-7787-3581-0

die Edelkastanie gegen Rheuma, Gicht, Konzentrationsstörungen und Magenschmerzen. Auch in Kombination mit der Quitte, die vor allem im Darm »*wie ein Schwamm die Gifte aufnimmt*«[33] und dabei hilft, diese auszuscheiden. Mandeln, ein »*Allroundmittel für kernige Gesundheit*«[34]. Sie stärken die Abwehrkräfte und helfen so das Immunsystem zu stabilisieren. Wichtig in Hildegards Gesundheitsküche sind die Gewürze Zimt und Nelke, oft auch in Verbindung mit der Muskatnuss. Echten Zimt (wichtig: der echte Zimt, der auf Ceylon wild wachsende Zimtbaum, nicht der Chinazimt aus der Rinde des Kassiabaumes!) empfiehlt Hildegard bei Atemwegserkrankungen und zur Stimmungsaufhellung in der dunklen Jahreszeit. Die Gewürznelke ist schmerzlindernd, desinfizierend und entkrampfend. Dies liegt vor allem am Eugenol, welches desinfizierende und leicht betäubende Wirkung hat. Sie verwendet Nelkenöl zur Massage der Bauchnabelgegend bei Magen- und Darmbeschwerden. Bei depressiven Verstimmungen und Schlafstörungen empfiehlt Hildegard Wermutwein, auch Maitrunk genannt. Alle zwei bis drei Tage einen Esslöffel davon auf nüchternen Magen, von Mai bis Oktober getrunken, stärkt er das Immunsystem. In heutigen Sportlerkreisen wird auf die mineralstoffreiche Brennnessel aufmerksam gemacht. Wir können das ganze Jahr über Brennnesselspinat essen. Dazu werden die jungen Brennnesseln im April oder Mai gepflückt, wenn sie aus dem Boden sprießen und eine Höhe von maximal sechs bis acht Zentimetern erreichen. Wird die Brennnessel zu hoch, schneiden wir diese einfach ab. Aus den nachwachsenden kleinen Brennnesseln bereiten wir immer wieder frischen Spinat. Die Brennnessel wird

---

33 Peter Pukownik, »Der Hildegard-Gesundheitsgarten«
34 Peter Pukownik, »Der Hildegard-Gesundheitsgarten«

vor allem als blutreinigendes Mittel geschätzt. Viele Kräuter eigenen sich als Tee, in Salben und für Umschläge. So z. B. Arnika, Ringelblume, Schlüsselblume und der Spitzwegerich. Zur Darmreinigung empfiehlt Hildegard von Bingen den Flohsamen (Samen einer Spitzwegerichart). Er zeichnet sich durch seine starke Quellfähigkeit aus. Im Gegensatz zum weit verbreiteten Leinsamen ist der Flohsamen kein Mineralstoffräuber. Zur Wundheilung empfiehlt Hildegard die Scharfgarbe. Der Name rührt daher, dass kranke Schafe und Ziegen die Pflanze gerne bei Entzündungen und Verletzungen innerer und äußerer Art fressen.

Vielleicht ist es mir mit Hilfe dieses kleinen Einblickes in das Thema »Lebensmittel als Heilmittel« gelungen, auf ihre Schlüsselfunktionen zur Erhaltung und Wiederherstellung unserer körperlichen und auch seelischen Gesundheit hinzuweisen. Es gibt heute eine Reihe ergänzender Literatur, die uns helfen kann, Jahr für Jahr immer mehr interessante »Lebensmittel als Heilmittel« in unsere tägliche Ernährung mit einzubauen.

Hildegard von Bingen weist uns in der Gesamtheit ihrer Werke nicht nur den Weg zur körperlichen Gesundheit, sondern auch den spirituellen Weg unserer Seele hin zu Gott und mit Gott. Dabei geht es um die Beziehung zu dem tragenden Urgrund, auf dem unsere ganze Schöpfung basiert und mit dem wir als Geschöpfe untrennbar verbunden sind. Eine Schöpfungsordnung, die heilsam in allem wirkt, auch in Krankheit und Schmerz.

Wer mehr darüber erfahren will, kann sich gerne an Birgit Schüßler in der Cityseelsorge der Stadtpfarrei Kempten St. Lorenz wenden. Dort findet z. B. regelmäßig einmal im Jahr ein Heilfastenkurs nach dem oben genannten Konzept der Hildegard-Heilkunde statt.

Vita Birgit Maria Schüßler:

In der Nähe von Augsburg aufgewachsen. In Augsburg schulische und erste berufliche Laufbahn als Krankenschwester abgeschlossen. Seit fast dreißig Jahren mit einem Allgäuer verheiratet, zwei erwachsene Kinder, zweite Berufsausbildung zur Gemeindereferentin. Seit September 2000 in der Stadtpfarrei St. Lorenz in Kempten tätig. Neben den Kernaufgaben (Erstkommunion- und Firmvorbereitung, Religionsunterricht und Angeboten im Verlauf des Kirchenjahres in der Pfarrei) Entwicklung eines pastoralen Konzeptes im Rahmen der Ehe- und Familienpastoral. 2007 Weiterentwicklung dieses Konzeptes, Aufbau und Ausbau zum Familienzentrum Wir – Hand in Hand. Seit September 2014 tätig in der Cityseelsorge St. Lorenz in Kempten, mit Schwerpunkt spirituelle Angebote, Exerzitien, Geistliche Begleitung und Lebensbegleitung. Geprägt sowohl von der ignatianischen Spiritualität und Tradition als auch von der mystischen Spiritualität Teresa von Avilas und Hildegard von Bingens. Dazu gehören viele spirituelle Themen im Zusammenhang mit »dem je eigenen inneren Weg«, im Leben und im Glauben.

Dr. phil. Notker Wolf OSB – Das rechte Maß – das benediktinische Prinzip des guten Lebens

Mönche führen ein kontemplatives Leben, Mönche fasten, Mönche essen kein Fleisch, Mönche trinken keinen Alkohol. Diese Klischees mögen durchaus für manche Mönche gelten, insbesondere für Asketen fernöstlichen und Buddhismus und Hinduismus, und wir dürfen diesen Mönchen vollen Respekt erweisen. Benedikt von Nursia aber, der Vater des abendländischen Mönchtums, hat im sechsten Jahrhundert eine Regel geschrieben, die nicht für heroische Menschen und große Asketen gedacht ist, sondern für »Otto Normalverbraucher«, Durchschnittschristen, normale Menschen, die Mönche werden und in Gemeinschaft unter Regel und Abt leben wollen. Der Maßstab sollte das Evangelium sein, die Gottes- und Nächstenliebe, nicht das Streben nach menschlicher Perfektion. Benedikts Prinzip ist daher das rechte Maß, die rechte Unterscheidung. Sie durchzieht die ganze Regel. Er nennt das richtige Maß die »Mutter aller Tugenden«. Er ist allen Extremen abhold, er schert keinen über ein und denselben Kamm. Damit hat sich die Regel Benedikts in der abendländischen Geschichte bewährt und sogar die Verhaltensgrundlagen unseres christlichen Abendlandes geprägt. Wie sieht das nun konkret aus?

Gemäß der damaligen Mönchstradition sollten auch seine Mönche auf das Fleisch vierfüßiger Tiere verzichten, außer den ganz Schwachen und Kranken. Ihnen wurde Fleisch zugestanden, damit sie wieder zu Kräften kommen. Einmal genesen, sollten sie danach sofort wieder darauf verzichten. Fleisch war damals sowieso sehr rar. Auch in unserer bayerischen Kultur gab es früher Fleisch nur an Sonn- und Feiertagen. Wenn heute philosophiert wird, was man alles essen darf, kann oder soll, ob Fleischgenuss angebracht ist oder nicht, so denke ich an die vielen Armen in dieser Welt, die überhaupt froh sind, wenn sie etwas auf dem Teller haben, und solche Gedanken für einen Luxus halten. Wer Fleisch verachtet, möge nach Afrika gehen und täglich mit den Afrikanern ein- oder zweimal am Tag einen Maniokbrei mit etwas Bohnen und Gemüse essen. Besonders nahrhaft ist das allerdings nicht, aber mehr gibt es nicht. Benedikt macht keine Ideologie aus dem Ganzen, sondern hält sich an die damaligen Gepflogenheiten und gestattet Ausnahmen, eben um dem einzelnen Menschen gerecht zu werden. Genau das ist Benedikt. Er nimmt Rücksicht auf jeden Einzelnen. Er sagt sogar, dass bei warmen Mahlzeiten immer zwei gekochte Speisen auf dem Tisch stehen sollen, damit jeder etwas für sich findet: »Wer etwa von der einen Speise nicht essen kann, dem bleibt zur Stärkung die andere.« (Benediktusregel 39,2; bei allen nachfolgenden Zitaten werden nur die Kapitel und Verse aus dieser Regel angegeben.) Bei uns hat es früher immer geheißen: Gegessen wird, was auf den Tisch kommt, und ich muss gestehen, das hat mir auf meinen Auslandsreisen viel geholfen. Ich habe immer alles gegessen, was mir serviert wurde, ob Schlangen und Hunde in China oder scharf gewürzte vegetarische Gerichte in Indien.

Was Alkohol angeht, so ist noch erstaunlicher, was Benedikt schreibt: »Eigentlich passt der Wein überhaupt nicht für Mönche, weil aber die Mönche heutzutage [6. Jahrhundert!] sich nicht davon überzeugen lassen, sollten wir uns wenigstens darauf einigen, nicht bis zum Übermaß zu trinken, sondern weniger. Denn der Wein bringt sogar die Weisen zu Fall« (40,6-7) Er meint, dass »für jeden täglich eine Hemina Wein genügt« (40,3) Wie viel das genau war, lässt sich nicht mehr sagen. Die großzügigeren Interpreten meinen, es war ein knapper halber Liter, mehr asketisch ausgerichtete sprechen von einem Viertelliter. Was Benedikt auszeichnet, ist wiederum seine Rücksichtnahme auf die Einzelnen und die jeweilige Situation: »Jeder hat seine Gnadengabe von Gott, der eine so, der andere so. Deshalb bestimmen wir nur mit einigen Bedenken das Maß der Nahrung für andere« (40,1-2). Und wiederum nimmt er Rücksicht auf die Schwachen. Was den Wein angeht, so erlaubt er sogar mehr, »wenn ungünstige Ortsverhältnisse, Arbeit oder Sommerhitze mehr erfordern« (40,5). Aber die Mönche sollen nicht über den Rand trinken. Immer wieder geht es um das rechte Maß.

Benedikt achtet natürlich die kirchlich gebotenen Fast- und Abstinenztage. Gleichwohl ist er nicht der große und strenge Asket, sondern berücksichtigt auch hier immer wieder den einzelnen Menschen. »Der Mönch soll zwar immer ein Leben führen wie in der Fastenzeit. Dazu haben aber nur wenige die Kraft« (49,1-2). Selbst in der Fastenzeit meidet Benedikt jede Übertreibung: »Der Mensch entziehe seinem Leib etwas an Speise, Trank und Schlaf und verzichte auf Geschwätz und Albernheiten« (ebd. 7) Natürlich kann auch einer etwas mehr tun. »In der Fastenzeit möge jeder über das ihm zugewiesene Maß hinaus aus eigenem Willen in der Freude des Heiligen Geistes Gott etwas darbringen; er entziehe seinem Leib etwas an Speise, Trank und Schlaf und verzichte auf Geschwätz und Albernheiten. Mit geistlicher Sehnsucht und Freude erwarte er das heilige Osterfest« (ebd.) Es geht also nicht um heroische Askese, sondern um Spiritualität, um ein spirituelles Anliegen: aus dem Glauben heraus sich auf Ostern vorzubereiten. Aber der Mönch soll Maß halten, und wenn er etwas Besonderes Gott als Opfer darbringen will, so geschehe es nicht ohne Erlaubnis des Abtes, damit sich nicht »Anmaßung und eitle

Ehrsucht« einschleichen. Wenn ich an die heutigen Fasten-kuren denke, so respektiere ich dieses Fasten, aber ich denke mit Benedikt an die Bergpredigt, wo es heißt, wenn man fastet, dann soll niemand etwas merken. Wir sollen nicht finster dreinschauen, sondern duftendes Öl auf das Haupt träufeln (vgl. Mt 6,16-18). Benedikt geht es nicht um eine asketische Leistung, sondern um die innere Öffnung des Menschen auf Gott hin, und weil nun mal der Mensch ein leib-seelisches Wesen ist, drückt sich die innere Haltung auch in äußeren Zeichen aus. Fasten also nicht als Ausdruck heroischer Enthaltsamkeit noch zur Entschlackung noch zur Verschlankung, selbst wenn das alles auch seinen Wert hat.

Bescheidenheit und rechtes Maß drücken sich auch in den Anweisungen für die Kleidung der Mönche aus: »Kleidung, welche die Brüder erhalten, soll der Lage und dem Klima des Wohnortes entsprechen; in kalten Gegenden brauchen sie mehr, in warmen weniger ... Der Abt sorge aber für das rechte Maß, dass die Kleider nicht zu kurz sind, sondern denen, die sie tragen, passen ... Wer auf Reisen geschickt, erhält Hosen aus der Kleiderkammer ... Sie seien ein we-nig besser«, als man sie für gewöhnlich trägt« (55,1.8.13f.). Die Mönche sollen kein Armutszeugnis ablegen: Sie sollen auch nicht nachlässig sein, sondern nach der Rückkehr ihre besondere Kleidung waschen und wieder abgeben. Hosen waren damals etwas Besonderes.

Das rechte Maß durchzieht die ganze Regel, und letzten Endes ist es Sache des Abtes, wie ein guter Moderator alles so einzurichten, dass jedermann sein Leben in Frieden und Freude führen kann. Der Abt richte alles so ein, »dass die Starken finden, wonach sie verlangen, die Schwachen aber nicht davonlaufen« (64,19).

Deshalb macht Benedikt den feinen Unterschied: »Der Abt hasse die Fehler, er liebe die Brüder« (64,11), und er fährt fort: »Muss er aber zurechtweisen, dann handle er klug und gehe nicht zu weit; sonst könnte das Gefäß zerbrechen, wenn er den Rost allzu heftig auskratzen will. Stets rechne er mit seiner eigenen Gebrechlichkeit. Er denke daran, dass man das geknickte Rohr nicht zerbrechen darf« (64,13). Die heutige politische und moralische Korrektheit schert alle über denselben Kamm und duldet kein anderes Verhalten. Nach dem Verbot des Rauchens wird das Alkoholverbot kommen, danach womöglich noch mehr, bis zum Verbot des fetten Fleisches oder des Schinkens und des Fleisches überhaupt. Nur, hat eben Trittin gemeint, die (dumme) Bevölkerung sei eben noch nicht so weit. Einige meinen eben, sich zu Richtern und Normen anderer aufschwingen zu können. Für Benedikt zählt der Respekt vor dem Einzelnen.

Benedikt unterfordert aber auch nicht die Mönche und duldet kein bequemes Leben. Müßiggang sei der »Feind der Seele«, behauptet er am Eingang des Kapitels über die tägliche Handarbeit (48,1). Deshalb legt Benedikt Wert auf einen ausgewogenen Tageslauf von Gebet, Arbeit und Lesung. Es geht nicht um die große Arbeitsleistung, Benedikt ist kein Workaholic. Aber schließlich soll sich die Gemeinschaft von ihrer eigenen Hände Arbeit ernähren, und er trägt dem Abt auf, einem Mönch notfalls auch am Sonntag eine richtige Arbeit in die Hand zu drücken, falls einer nicht lesen kann – es gab damals noch viele Analphabeten – oder nicht lesen will. Denn eigentlich soll der Sonntag frei sein für das Lesen geistlicher Bücher. Selbst den Kranken empfiehlt er eine leichte Arbeit. Sie sollen dadurch nicht bedrückt werden, aber sie sollen auch nicht müßiggehen. Sie könnten sonst lustlos und depressiv werden. Benedikt erweist sich auch darin als feiner Psychologe. Sich bei jeder Kleinigkeit krankschreiben zu lassen, das geht bei Benedikt nicht. Er nimmt sehr wohl Rücksicht auf die Kranken und Schwachen, aber nicht auf die Bequemen. Immer liegt ihm das Wohl des Einzelnen am Herzen, das leibliche wie das psychologische und geistliche.

Dabei geht es Benedikt nicht nur um das Wohl des Einzelnen, sondern auch das der ganzen Gemeinschaft. Auch bei der Leitung einer Gemeinschaft ist das rechte Maß die Mutter aller Tugenden: »Der Abt denke an die maßvolle Unterscheidung des Patriarchen Jakob, der sprach: »Wenn ich meine Herden unterwegs überanstrenge, werden alle an einem Tag zugrunde gehen'« (64,18) Das gilt für jede Familie, für jede Schule, für jedes Unternehmen. Das gilt auch für eine Bergsteigertruppe.

Wenn wir die Illustrierten aufschlagen, dann werden wir darin viele Diätpläne vorfinden, die uns Gesundheit und Fitness verheißen. Gesundheit, Fitness, Wellness sind die heutigen Ziele. Im Glauben an die totale Machbarkeit möchte man am liebsten jeden Schmerz und jedes Leid ausmerzen, womöglich gar den Tod. Benedikt versteift sich nicht auf solche weltlichen Werte. Auch ihm ist das Wohlbefinden des Leibes eine wichtige Angelegenheit, ein wichtiges Ziel. Deshalb nimmt er so viel Rücksicht auf die Anlagen des Einzelnen; deshalb möchte er, dass seine Mönche auch genügend Schlaf finden. Er handelt aus Liebe zum Menschen, das macht den großen Unterschied zu den heutigen Ratgebern aus. Sie alle verheißen uns innerweltliche Werte, leibliches und seelisches Wohlbefinden. Aber dieses leibliche und seelische Wohlbefinden wird sich je nach Alter ändern. Ältere Menschen werden weniger essen, nicht mehr dieselben Kraftanstrengungen vollbringen können. Ihr Ziel muss es sein, dass es ihnen gut geht, und genau dafür sorgt eben auch Benedikt. Er handelt aus Liebe zum Menschen, und der Abt muss jeweils auf den Einzelnen Rücksicht nehmen und ihm dabei helfen, ein gutes Leben zu führen. Zu diesem guten Leben gehört aber nicht nur das leib-seelische Wohlbefinden, sondern es bekommt erst einen vollen Sinn durch die Ausrichtung auf Gott hin als definitives Ziel. Die leibliche Dimension erhält ihre Vollendung durch die transzendente, spirituelle Dimension.

Das rechte Maß, die rechte Unterscheidung ist die Mutter aller Tugenden, wie Benedikt sagt. Damit bauen wir allen Ideologien und allen Extremen vor. Wir sind begrenzte Menschen und brauchen keine absolute Perfektion. Es verlangt Demut statt der Hybris der absoluten Machbarkeit. Wir nehmen Rücksicht auf die unterschiedlichen Anlagen und Kräfte eines jeden einzelnen Menschen sowie auf die jeweilige Lebenssituation. Natürlich kann man das rechte Maß nicht festlegen, auch nicht mit noch so vielen Regeln und Gesetzen. Immer wieder sind wir versucht, genau sagen zu wollen, wie viel man essen darf, wie viel man trinken darf. Das hängt vom einzelnen Menschen ab, von seinen Anlagen. Das rechte Maß zu finden, steht im Ermessen der Freiheit des Menschen. Genau das macht die menschliche Würde aus. Wir lassen uns nicht von irgendjemand vorschreiben, was exakt das Richtige ist, sondern wir suchen und finden es auf der Basis unserer Freiheit. Genau dadurch gelangen wir zur Lebensfülle und zur Lebensfreude.

Notker Wolf OSB,
Abtprimas emeritus

Vita Dr. phil. Notker Wolf OSB

Dr. phil. Notker Wolf OSB, geb. 1940 in Bad Grönenbach/ Allgäu, trat 1961 in die Benediktiner-Erzabtei St. Ottilien ein, studierte Philosophie an der Päpstl. Hochschule S. Anselmo in Rom, Theologie und Naturwissenschaften an der LMU München,
1968 zum Priester geweiht und 1971 als Dozent für Naturphilosophie und Wissenschaftstheorie an die Benediktinerhochschule S. Anselmo nach Rom berufen.
1977-2000 Erzabt von St. Ottilien und Abtpräses der weltweiten Ottilianer Benediktinerkongregation.
Von 2000-2016 Abtprimas des Benediktinerordens in Rom, jetzt wieder in St. Ottilien.
Daneben ist er Autor mehrerer Bestsellerbücher. Seine Hobbys sind Querflöte, E-Gitarre und Sprachen.

Pflanzen der Bibel

»Lasst uns am Alten, so es gut ist, halten und auf diesem alten Grund Neues wirken in unserer Stund'. «Dieser Devise folgend, wurde als bleibendes Erbe der 1. Steingadener Blütentage der im Herzen Steingadens liegende Pfarrgarten, jahrhundertelang schlichter Konventgarten des 1147 gegründeten Prämonstratenser-Klosters Steingaden, in einer beispielgebenden Gemeinschaftsaktion unter Führung des Obst- und Gartenbauvereins umgestaltet in einen **immer geöffneten Lehr- und Meditationsgarten.**

Der Garten wird vom Klostergarten-Team des Obst- und Gartenbauvereins ehrenamtlich gepflegt. Finanziert wird er weiterhin aus Spenden und vom OGV-Steingaden e.V.

http://www.gartenbauvereine-wm-sog.de/595.0.html

Zentrale Pflanzen der Bibel	beispielhaft einige Bibelstellen, in denen sie genannt sind
Nutzpflanzen	
Apfel	Hld 2, 3
Bohne	2 Sam 17, 28 – Ez 4, 9
Erbse	biblische Kulturpflanze, Futterpflanze – Jes 30, 24
Feige	Gen 3, 7-8 – Mt 24, 32 – Lk 13, 6-9 – Lk 19, 1-10
Gerste	oft genannt – Dt 8, 7 – 18 – 2 Kön 4, 42 + 7,1 – Joh 6, 9-13
Hirse	Ez 4, 9

Gurke	Num 11, 5-6
Lauch	Num 11, 5-6
Lein/Flachs	Ex 9, 31-35 – Sprichw. 31, 13 – Jes 19, 9 – Joh 19, 40 + 20, 7
Linse	Gen 25, 34 – 2 Sam 17, 28 – Ez 4, 9
Kürbis	kürbisähnliches Rankengewächs 2 Kön 39-40, Jona 4-6 (Lutherb.)
Olive	sehr oft – Gen 8, 11 – 1 Kön 6, 23-33 – Mk 14, 26 – Lk 22, 39
Wacholder	Jes 41, 19 – Hos 14, 9
Weinstock	sehr oft genannt – Gen 9, 20 – Num 13, 23-24 – Joh 15, 1-6
Weizen	sehr oft genannt – Kön 5, 25 – Mt 13, 29 – Joh 12, 24

aromatische Kräuter	
Dill	Jes 28, 25-27 – Mt 23, 23
Koriander	Ex 16, 31
Kümmel	Jes 28, 25-27 – Mt 23, 23
Knoblauch	Num 11, 5-6
Minze	Mt 23, 23 – Lk 11, 42
Salbei	auch wild wachsendes Bitterkraut – Ex 12, 8 – Num 9, 11
Senf	Mt 13, 31-32 – Mt 17, 20
Wegwarte	wild wachsendes Bitterkraut – Ex 12, 8 – Num 9, 11
Wermut	Bitterkraut, Ex 12, 8 – Num 9, 11 – Klagelieder 3, 15 – Jer 23, 15
Ysop	Ex 12, 8 + 22 – 1 Kön 5, 13 – Ps 51, 9 – Joh 19, 28-30 – Hebr 9, 19
Zwiebel	Num 11, 5-16
Heil- und Aromapflanzen	
Aloe	Ps 45, 9 – Hld 4, 14 – Joh 19, 39-40
Efeu	2 Mak 6, 7
Ginster	1 Kön 19, 4-5
Lavendel	als Duftstoff in Salbölen
Lorbeer	Jes 44, 14
Oleander	Sir 24, 14
Wild-Rosen	nur Buch der Weisheit 2, 7-9
Weide	Lev 23, 40 – Ps 137, 1-2 – Jes 44, 3-4
Weinraute	Heil- und Würzmittel – Hld 8, 2 – Lk 11, 42
Wilde Malve	2 Kön 4, 38-41

Feldblumen und Gräser	
Binsen	Ex 2, 3 – Jes 19, 6 – Jes 35, 7 – Jes 58, 11 – Lk 6, 44
Lilien – u. a. die wilde Weiße	1 Kön 7, 19 – Hld 2, 1-2 – Hos 14, 6 – Mt 6, 28 – Lk 12, 27
Feldblume – Klatschmohn	Ps 103, 15 – Jes 40, 6-8 – 1. Petrus 1, 24-25
Gras	Ps 103, 15 – Jes 40, 6-8 – Mt 6, 28
Riedgras (Sauergras)	Hiob 8, 11 – Jes 19, 7
Rohrkolben	biblische Nutzpflanze für Matten
dornige Pflanzen – Unkräuter	
Dornbusch, z. B. Brombeere	Gen 3, 18 – Ex 3, 2-15 – Mt 7, 16 + 13, 7 – Joh. 19, 2+5
Disteln	Gen 3, 18 – Hos 10, 8 – Mt 7, 16 – Lk 6, 44
Brennnessel	Jes 34, 13 – Jes 55, 13

Lieber Gott, wir dürfen Vater zu Dir sagen.

Wir bitten Dich um Weisheit, unsere Lebensaufgaben
richtig zu erkennen,
und genug Mut und Ausdauer, sie auch auszuführen.
Wie oft haben wir das Wort »Lebensmittel« gedankenlos
ausgesprochen, ohne zu begreifen, dass es »Mittel zum
Leben« sein sollten.
Lass uns überlegt und bewusst diese »Mittel zum Leben«
gebrauchen.
Und lass uns begreifen, dass jeder Einkauf auch darüber
bestimmt, ob unsere Mitmenschen lebensfrische oder
lebensarme Nahrung erhalten.
Lass uns unser tägliches Brot in Dankbarkeit und
geschwisterlicher Gemeinschaft genießen.
Hilf uns, an unsere Kinder und Kindeskinder in
Verantwortung zu denken, damit auch sie sich noch
vielfältig und gesund ernähren können.
Lieber Gott, stärke uns mit Mut, Humor und
Wahrheitsliebe.

Amen.

Vom Herausgeber bereits erschienen:

Begegnungen – Alles wirkliche Leben ist Begegnung
Ich hatte das Glück, so vielen bedeutenden Persönlichkeiten zu begegnen. Dieses Glück gebe ich in diesem Büchlein mit einigen Fotos gerne weiter.
3. erweiterte Auflage, 117 Seiten, nur 7.90 €
ISBN 978-3-8334-2602-5

Glücksmomente sind Kraftmomente
»Dieses Werk ist eine Sammlung von Lebenserfahrungen, das uns allen guttun wird«, schrieb dazu: Dr. Asfa-Wossen Asserate, Prinz von Äthiopien
93 Seiten 2. erweiterte Auflage, 6.90 €
ISBN 978-3-8391-9228-3

Mehr tun, als man tun muss
mit 19 Mut machenden Beiträgen zum vielfältigen Ehrenengagement
»Die IG FÜR...gesunde Lebensmittel e. V. pflegt mit diesem Buch sozusagen die Wurzel des demokratischen Geistes unseres Landes und auch Europas!«, schreibt hierzu Walter Scheel, Bundespräsident a. D.
194 Seiten, 16,90 €
ISBN 978-3-8391-5615-5

Vielfalt statt Einfalt

21 Berichte zum Leben und Essen im Einklang mit der Natur aus Deutschland, Österreich, Schweiz, Peru und Ägypten
220 Seiten, 16,90 €
ISBN 978-3-7357-5574-2

Gesund durchs Leben

14 Persönlichkeiten (Ärzte, Heilpraktiker, Ernährungswissenschaftler, Physiotherapeut, Spitzenkoch, Lebensmittelkaufmann usw.) teilen ihre wertvollen Erkenntnisse über positives Denken und Handeln, gesunde Ernährung und sinnvolle und regelmäßige Bewegung. Somit kann dieser Sammelband vielen Menschen eine wertvolle Gesundheits- und Lebenshilfe werden.
244 Seiten, 18,99 €
ISBN 978-3-7412-6488-7

Beiträge aus dem Koran, jüdischen Speisegesetzen, dem Buddhismus, dem Alten und dem Neuen Testament, aus der Lehre Benedict von Nurcia und Hildegard von Bingen bieten eine vielfältige und achtsame Betrachtungsweise zur Wertschätzung unserer Mittel zum Leben.

Seit 1997 durfte ich als Lebensmittelkaufmann und Gründer der nun internationalen Interessengemeinschaft IG FÜR... gesunde Lebensmittel e. V. erstklassige Fachleute auf ihrem Gebiet als Referenten und »IG FÜR…«-Mitglieder kennen lernen.

Meiner Bitte, auf wenigen Buchseiten die jeweils wichtigsten Erkenntnisse lesefreundlich zu schreiben, kamen 13 Persönlichkeiten nach.

»Wie wird die Ernährung in verschiedenen Kulturkreisen gesehen? Welche Verankerung hat sie in den großen Weltreligionen? Dieser Frage geht Georg Sedlmaier in seinem neuesten Sammelband nach. Und er hat dafür viele namhafte Autoren gefunden, die eindrucksvoll schildern, welche grundlegende Bedeutung die Ernährung in den Religionen einnimmt. Die Ernährung als Mittel zum Leben hat in allen Religionen eine wesentliche Rolle.«

Michael Gerling, Geschäftsführer EHI Retail Institute e.V., Köln

»Ernährung aus der Sicht der Weltreligionen«, so der Untertitel des Buches. Aus der Sicht des Christentums jedenfalls gehört die Sorge für alle unbedingt mit dazu. Niemand darf zurückbleiben. Niemand ausgeschlossen werden. Sind es nicht eine solche Haltung und ein solches menschliches Handeln, die unser Leben innerlich sinnerfüllt und froh werden lassen – und obendrein Gott die Ehre geben? In diesem Sinne bin ich dankbar für das Buch und wünsche ihm eine breite Leserschaft.

Peter Kardinal Kodwo Appiah Turkson

Der Reinerlös des Buchverkaufs kommt wieder dem SOS Kinderdorf e. V. sowie der Interessengemeinschaft IG FÜR... gesunde Lebensmittel e. V. zugute. www.ig-fuer.de